JN087426

中国史で読み解く故事成語

阿部幸信 著

山川出版社

目次

第五章 三国・六朝篇 213

中国史で読み解く故事成語

プロローグ

温故知新

以前学んだことを復習したり昔の事柄を見直したりして、新たに自分のものとすること。
『論語』為政より

紀元前五世紀のはじめ、古代オリエントの大国・アケメネス朝ペルシアが、西のギリシアに侵攻した。ギリシアの諸ポリス（都市国家）は敢然と立ち向かい、奮戦の末、これを退けた。世に言うペルシア戦争である。しかし、この戦いでの活躍を機に擡頭したアテナイ（アテネ）と、ギリシア世界の雄・スパルタとの対立は、さらに新たな抗争を引き起こすことになる。

この「新たな抗争」すなわちペロポネソス戦争の歴史的意義にいち早く気づいたのが、アテナイの人・トゥキュディデスであった。彼は敗軍の将となってアテナイを追われながらも、戦記の著述を続けたという。彼の『戦史』は、結局未完に終わったものの、因果関係や実証を重視した書きぶりによって、今日まで名高い。その序文の中でトゥキュディデスは、次のように記す。

「今後展開する歴史も、人間性のみちびくところふたたびかつての如き、つまりそれと相似た過程を辿るのではないか、と思う人々がふりかえって過去の真相を見凝めようとするとき、私の歴史に価値をみとめてくれればそれで充分である」（久保正彰訳）

彼はみずからの書く歴史が、未来の読者にとって、生きるヒントとなることを期待している。時代が異なっても、そこに通ずるものは必ずある。なぜなら、過去も現在も、そして未来においても、歴史を紡ぐ「人間性」は、ずっと不変であろうから。

トゥキュディデスにやや先立ち、はるか東の中国でも、孔子（紀元前五五二〜前四七九）がこう述べている。

「故きを温めて新しきを知れば（温故知新）、以て師と為るべし」

孔子とその弟子たちの言行録『論語』にみえる一文。古いことをよく理解して、新しいことをわきまえれば、人の師となれるのだ、という。「温」は、唐代以前の古い解釈によると、冷めたものを温めなおす意。むろん、故事を「温めなおす」のに、レンジでチンというわけにはいかない。鍋を使って、むらのないよう、こげつかぬよう、じっくりじわじわ温めるのである。いまを生きる糧は、そんなふうにしてしか得られまい。

人間が人間として生き、人間の営みを続けていく限り、歴史をリセットしてしまうことなど、決してできはしないのだ。東西ドイツ統一時の西ドイツ大統領であったヴァイツゼッカーは、こんな言葉を残している。

「問題は過去を克服することではありません。さようなことができるわけはありません。後になって過去を変えたり、起こらなかったことにするわけにはまいりません。しかし過去に目を閉ざす者は結局のところ現在にも盲目になります」（永井清彦訳）

第一章 西周・春秋篇

西暦	出来事
前1600頃?	殷(商)王朝成立
前11C後半	周の武王，殷を滅ぼす。周王，諸侯を封建
前770	洛邑に東周の王が立つ
前651	斉の桓公を中心に中原諸侯が会盟
前633	晋の文公が諸侯と楚を破り，会盟を行う
前606	楚の荘王が洛河河畔で観兵式を行い，周王室の鼎の軽重を問う
前597	楚が晋の率いる中原諸侯の軍を破る
前552	魯に孔子が生まれる(～前479)
前506	呉王闔廬によって楚の都・郢が陥落
前482	呉王夫差，晋の率いる諸侯と会盟
前473	越，呉を滅ぼす
前451	晋の趙氏・韓氏・魏氏が晋を事実上三分
前442	魏の文侯のもとで李悝が改革を始める

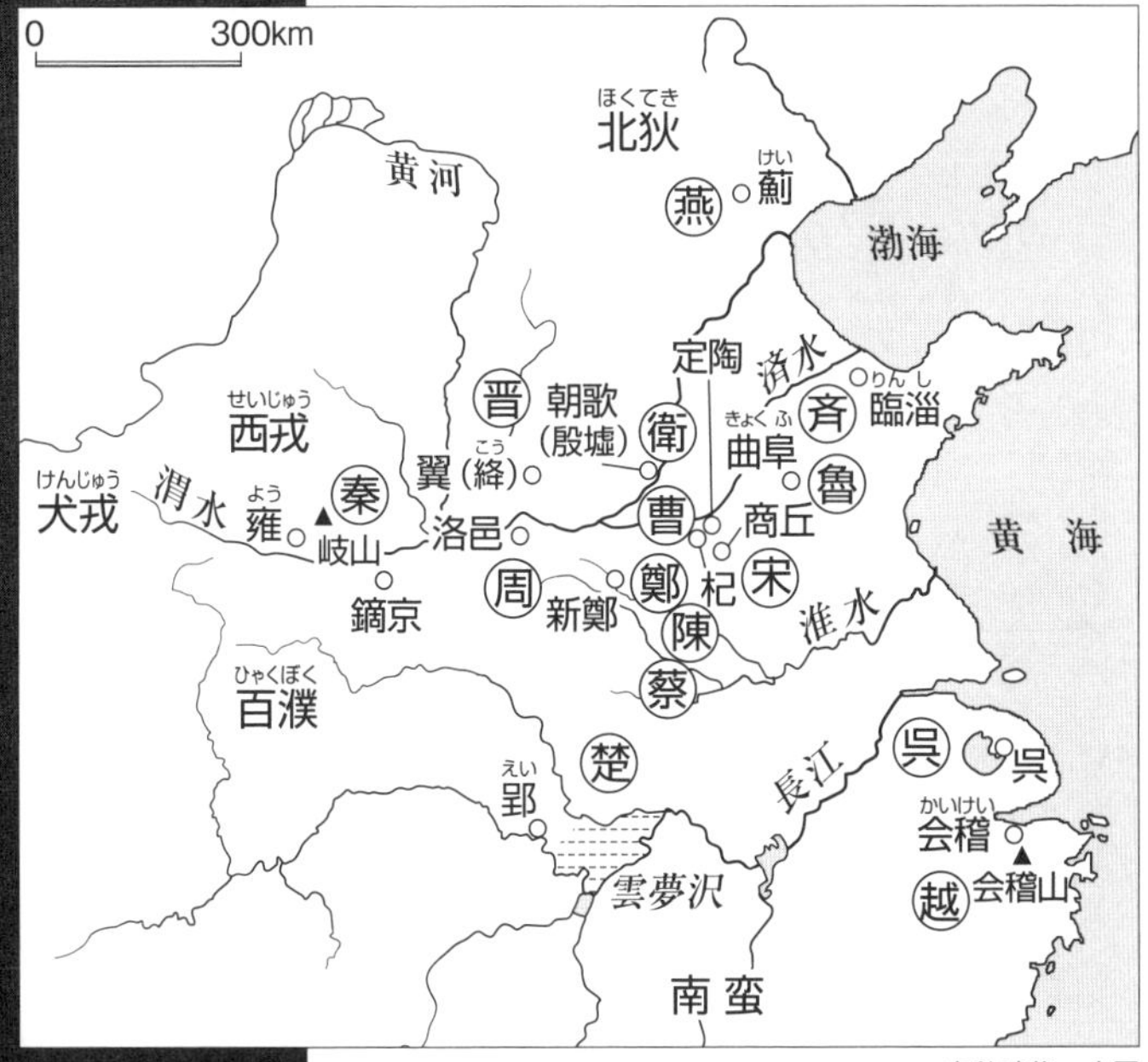

春秋時代の中国

酒池肉林

―酒やごちそうがふんだんにある、盛大な宴会のこと。『史記』殷本紀より―

いまのところ存在が確かめられている中国最古の王朝は、黄河中流域に栄えた殷（いん）（前一六世紀ごろ～前一一世紀後半）である。この時代には、戦争から日々の行動まで、およそあらゆることに対して占いがなされ、それを主宰し神意を伝える殷王は、神聖な存在だった。

殷の占いは、亀の甲羅や牛などのけものの骨に赤く熾（おこ）った棒の先端を押しつけ、熱によって割れた様子から吉凶を判断する「卜（ぼく）」であった。「卜」という文字は、棒とその上下に生じた割れ目をかたどっている。「占」は「卜」と「口」を組み合わせた字で、卜の結果を語ることを意味する。

占いの内容と結果は、使用した亀甲や獣骨に刻みつけられた。その際に用いられたのが、漢字の原型となった甲骨（こうこつ）文字である。漢の時代に**司馬遷**（しばせん）**（↓人生、朝露の如し）**が著した歴史書『史記』の記述と、近代になって発見された殷の甲骨の記録とが一致したことから、殷王朝の実在が確認されたのであった。殷に先立つ時代の遺跡も見つかっているが、それが『史記』に書かれた夏（か）王朝とイコールなのかどうかは、甲骨文字のようなはっきりした手がかりがないので、確定がむずかしい。

殷の支配した範囲は、現在「中国」と呼ばれる地域の広大さに比べると、きわめて限定的だった。とはいえ、文化・経済面での先進性を背景に周辺を圧倒し、末期にはかなりの遠隔地にまで影響力を及ぼしていたようである。しかし、力をつけてきた貴族層や他勢力に押されぎみになり、やがて西に興った周によって滅ぼされた。

周が殷を攻撃したのは、殷王朝最後の王である紂王が暴虐であったためだと伝えられる。紂王は妃の妲己を寵愛して、過酷な刑罰をほどこし、豪奢な酒宴にふけったという。司馬遷によれば、酒で池を作り、肉を林のごとく懸けるものだったとか。贅沢な酒席のたとえ「酒池肉林」は、ここから生まれた言葉。俗に「肉」が女体の意に解されることがあるが、誤りである。もっとも『史記』には、肉の林の中に裸の男女を放ち、その走りまわる姿を眺めて酒の肴としたとも記されているから、イメージとしてはそれほどはずれていない。

紂王の乱行はあくまでも伝承で、それを裏づける証拠があるわけではない。ただし、殷では祭祀がさかんにおこなわれ、そのために相当な量の酒と肉が消費されていたことも確認されている。一説には、価値観の違いから、殷のこうした慣行を批判的にとらえた周の人々が、殷の浪費のイメージを作り出したのだという。やがてそれに尾ひれがついて、酒池肉林、さらには紂王の数々の乱行が、まことしやかに語られるようになっていったわけだ。

甲骨の記録によると、滅亡直前の殷は、さかんに軍事行動を起こしている。不満をいだく人々も少なくなかったことだろう。穏やかならぬ情勢の中、周は、東方での戦争で手薄になった殷の都を不意に襲ったものとみられる。だとすると、**徳を失った殷にかわって周に天命が下ったのだという説明（→革命）**も、眉に唾して聞く必要がありそうだ。勝てば官軍、ということか。

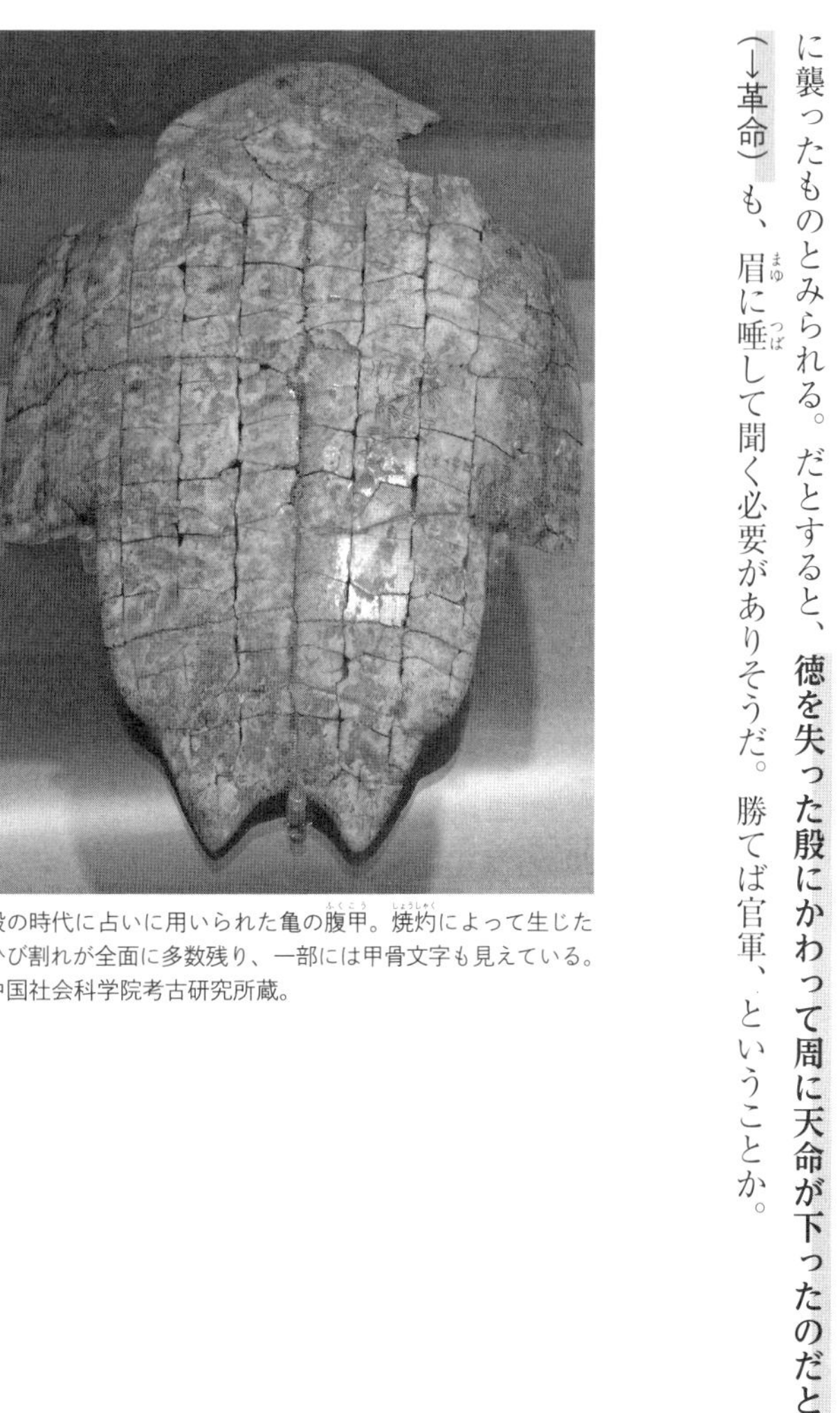

殷の時代に占いに用いられた亀の腹甲。焼灼によって生じたひび割れが全面に多数残り、一部には甲骨文字も見えている。中国社会科学院考古研究所蔵。

暴を以て暴に易う

―暴力を解決するために暴力を行使すること。『史記』伯夷列伝より―

前一一世紀前半ごろ、周は古公亶父のもと岐山（陝西省）山麓へ移住し、孫の文王のとき勢力を東に伸ばした。警戒した殷の紂王に幽閉された文王は、これを機会として易（↓乾坤一擲・一陽来復）の理論を整理したとも伝えられる。

釈放された文王のもとには、人徳を慕って人材が集まった。中でも呂尚の名はよく知られている。彼は世を避けて渭水（黄河の支流）のほとりで釣糸を垂れていたところを文王に見いだされ、これぞ太公（おじいさんの意、古公亶父）が出現を望んだ聖人だとして、「太公望」と呼ばれた。釣り人のことを太公望というのは、この故事による。

文王の死後、息子の武王とその弟・周公旦が挙兵して、殷を倒し周王朝を建てた。周公は魯（山東省）に封じられ、まもなく武王が没すると、幼い成王の摂政となった。その都が曲阜（山東省済寧）である。後世、曲阜で生まれた孔子は、周公を大いに尊んだ。日本の「岐阜」という地名は、周の飛躍の地・岐山と孔子のふるさと・曲阜にあやかって、織田信長が命名したのだとか。

ところで、もともと中国の政権交替の原則は、徳（道にかなった正しい行いや人格）のある者が王位を譲り受ける「禅譲」が建前であり、武力によって位を奪う「放伐」は非とされていた。だから、武王が殷を倒したことには、古くから批判もあった。とりわけ、伯夷・叔斉兄弟の逸話は有名である。彼らは武王の挙兵に際し、父の死後すぐに兵を出すこと、臣下が主君を討つこと、いずれも道をはずれた行為だと説いて諫めた。のち武王が殷を滅ぼすと、二人は周王の治める土地でとれた穀物を食らうことを恥じ、首陽山（場所は諸説あり不明）に入りゼンマイをとって暮らし、ついには餓死した。二人が死に臨んで作った歌の一節にはこうある。

「暴を以て暴に易う、其の非を知らず」

暴虐の紂王を除くためにいくさという暴力的な手段を用いながら、その過ちに気づかない、という意味。もちろん、武王を謗ったものだ。

司馬遷は、『史記』列伝の冒頭に彼らの伝（伝記）を立て、天の道について熱く論じている。

「『天道はいつも善人に味方する』というけれども、伯夷・叔斉は徳を積んで行いを正しくしながら餓死し、**盗跖**（↓騏驥の馳せて隙を過ぐるがごとし）は罪なき者を殺し暴れまわって天寿を全うした。ひょっとすると、いわゆる天道は、正しくないのではないか?」

李陵（↓人生、朝露の如し）を弁護して宮刑（男性の機能を喪失させる刑罰）に処せられた司馬遷には、節義を貫いて死んだ伯夷・叔斉に、共鳴するところがあったのだろう。歴史家・司馬遷の原点とも言える、魂の叫びである。

古人の糟魄

古の聖人が書物に記しているのは、酒かす（糟魄。糟粕とも）のような残りものだということ。道の本質は言葉では表せない、という意味。『荘子』天道より

周は殷を滅ぼしたのちも陝西に拠点をおき、征服した東方地域は王の一族や有力な臣下に分け与えた。土地と人民を得て領主となった者たちを諸侯といい、周王は諸侯の上に君臨して影響力を保持した。しかし前八世紀前半、王室の内紛に端を発した戦乱によって、都を東の洛邑（河南省洛陽）に遷すことになり、それとともに周王の権威も失われていった。そして前七世紀に入ると、諸侯のうちとくに有力な者が、周王にかわって諸侯を取りまとめるようになる。こうした諸侯の盟主のことを覇者と呼び、周の東遷から覇者がかわるがわるあらわれた前五世紀なかばごろまでの時代を、当時の歴史を伝える書物『春秋』にちなんで「春秋時代」と称する。

斉（山東省）の桓公（在位 前六八五〜前六四三）は、最初の覇者として知られる。ある日、桓公が広間で読書をしていると、庭で仕事中だった年老いた車大工の扁が、突然あがりこんできた。

「つかぬことをお伺いいたしますが、あなたさまのお読みになっているものには、一体どんなことが記してあるのでしょうか」

「聖人のお言葉だ」

「その聖人とやらは、いまも生きておいでなのですか」

「いや、もう亡くなった昔の人だが」

「なるほど、ではそれは、昔の人間のしぼりかす（古人の糟魄）なのですな」

これには桓公も声を荒らげる。

「わしが書を読んでおるのに、大工ふぜいがぐだぐだと！言い訳できるものならばしてみよ、できねば死罪だ！」

すると扁が答えて言うよう、

「わたくしはわたくしの経験から申したまでです。車輪の軸というものは、ぐずぐずと削っていると、ゆるゆるになってしまいます。逆にあわてて削れば、きつくて入りません。この加減は、言葉ではだめなところでして……。いえ何、せがれにこのコツを覚えさせようとあれこれ言ってみるのですが、うまくいきませんで、それで七〇にもなりながら、仕方なしにこの老いぼれが削っておるんですわ。昔の人もそれと同じで、肝心のことは言葉では伝えられずに死んだはずです。ということになりますと、結局その書物も、昔の人間のしぼりかすでしかないわけでしょう」

この寓話は、前四世紀の人・荘子(そうし)が編んだとされる『荘子(そうじ)』にみえる。**いにしえの聖人が残した書物のうわべだけを盲信し、本質を見きわめようとしない人々を批判したものである**（↓庖丁、牛を解く）。言葉のもつ限界を、何とみごとに語っていることだろう。

「言葉というものは、生きていることの不安から、芽ばえてきたものじゃないですかね。腐った土から赤い毒きのこが生えて出るように、生命の不安が言葉を醗酵(はっこう)させているのじゃないのですか」（太宰治『お伽草紙(とぎぞうし)』）

伝える道具であるはずの言葉が、かえって充分に伝えられない苦しさを生む。

管鮑の交

―相手のよさを認め合った親密な交友関係のこと。『史記』管仲列伝より―

斉の桓公その人にまつわる逸話にはぱっとしたものがなく、むしろ気が短く思慮の浅い人物像が垣間見える。そんな桓公が覇者になるには、名宰相・管仲によるところが大きかった。

管仲には鮑叔牙という幼なじみがあり、長じてのち鮑叔牙は斉の公子・小白に、管仲は公子・糾に仕えた。やがて小白は即位して桓公となり、相続争いに敗れた糾は殺されて、糾の部下だった管仲はとりことなったが、このとき彼を救ったのが鮑叔牙であった。

「あなたさまが斉の国を治めるだけで満足されるのなら、わたくし程度の人間でも充分でしょう。しかし天下の覇王たることを望まれるのであれば、管仲でなければだめです」

鮑叔牙はこう説いて、桓公の野心をくすぐったのだ。もっとも鮑叔牙の言葉は、友を助けるための方便などでは決してなかった。その証拠に、管仲が許されると、鮑叔牙は彼を宰相に推挙し、自分はその下についたのである。結果、斉は強国となり、桓公は覇者となった。
のち、管仲はこう語っている。

「貧しかったころ、鮑叔牙と一緒に商売をした。わたしはいつも分け前を余分に取ったが、彼は非難しなかった。わたしが貧しいのをわかっていたからだ。彼のためにやったことでかえって彼を困らせたことがあったが、彼はわたしを愚かだと言わなかった。時には有利不利があるとわかっていたからだ。わたしは仕官するたびに馘（くび）になったが、彼はわたしを無能だとみなさなかった。めぐり合わせが悪かっただけだとわかっていたからだ。わたしはいくさのたびに逃亡したが、彼はわたしを臆病者呼ばわりしなかった。老いた母がいることをわかっていたからだ。糾が敗れたとき、召忽（しょうこつ）（管仲とともに糾に仕えた人物）は殉死したのにわたしはとらわれたが、彼はわたしを恥知らず扱いしなかった。わたしがつまらぬ節義などには恥じず、天下に功名を示せないことを恥じる人間だとわかっていたからだ。わたしを生んだのは父母だが、わたしの真価をわかってくれているのは鮑叔牙なのだ」

この逸話から、固い友情で結ばれた関係を「管鮑（かんぽう）の交（まじわり）」と呼ぶようになった。が、『史記』は、

漢代のベルトの留め金（帯鉤）。裏側に突き出した掛け金を帯に取りつけて固定し、右側の鉤型の部分を引っかけて帯の末を留める。管仲は主君である糾のライバル・小白の狙撃をはかったが、矢が小白の帯鉤にあたって失敗した。ロイヤルオンタリオ博物館（カナダ・トロント）蔵。

「世の人々は管仲の才能ではなく、鮑叔牙の人を見る目を賞賛している」

と、いささか管仲に冷たい。業績の大きさよりも人となりを重んじた、司馬遷ならではの評価と言えようか。

衣食足りて礼節を知る

衣服や食べものが充分にあって、はじめて礼儀のことにまで考えが及ぶようになるということ。『管子』牧民より

唐（六一八～九〇七）の**杜佑**（↓捲土重来）が著した『通典』は、いにしえの時代から唐までの諸王朝における各種のしくみを整理・紹介したものだ。その冒頭の一節。

「まつりごとの道の根幹は、民を教化することにある。民を教化することの基本は、衣食を充分にしてやることだ。『管子』にも、『倉廩実ちて礼節を知り、衣食足りて栄辱を知る（こめぐらが食べ物で満ちるほど豊かになり、衣食に不自由しなくなって、ようやく礼儀や善悪のけじめをわきまえられる）』とあるではないか。教化が成るかどうかは、官職の整え方にかかっている。官職が整うかどうかは、才能のある者をしかるべき地位につけることにかかっている。才能のある者を地位につけられるかどうかは、人事をしっかりとおこなうことにかかっている。礼とか楽とかいった儀式・作法や、教化が崩れた際に用いる刑罰のことなどは、そのあとの話だ」

こう述べたのち、杜佑は最初に経済を取り上げ、続いて人事・官職・礼・楽・刑……の順に制度を概観していく。ここで杜佑が引用している『管子』は、管仲の学説をまとめたとされる書物である。

管仲の業績は経済面に多い。物価調整の役所を設け、物価が安ければその商品を買い上げ、高ければ払い下げさせた。斉が海辺に位置するところから、漁業・塩業を奨励し、製鉄業も興している。そして一連の施策により、斉の国力は飛躍的に伸びた。不遇な時代が長く、貧困のつらさを身にしみてわかっていた管仲ならではのやり方だ。そんな彼の思いは、「倉廩実つれば則ち礼節を知り、衣食足れば則ち栄辱を知る」という言葉にもにじみ出ている。『管子』のこの語は、今日では簡略化して「衣食足りて礼節を知る」とされることが多いが、言わんとするところは同じである。

国を富ませて主君を覇者にまで押し上げた管仲に対する後世の評価はおしなべて高く、若き**諸葛孔明**(↓水魚の交)はみずからを管仲になぞらえ、顰蹙を買ったほどである。『管子』にみえる彼の経済理論は、当時にしては先進的で、不作のときに公共事業をおこなって雇用を創出することを説くなど、現代に通ずる内容さえある。ただ、当の管仲自身は、覇者の宰相となって贅沢に走り、のちにその点を孔子に批判されてもいる。余裕がなければけじめどころではない、それはそうなのだが、余裕があればおのずと礼儀や善悪のけじめがつくほど、簡単にはいかないということだろう。

鳴かず飛ばず

―飛躍する機会をじっと待つこと。転じて、ずっと何の活躍もないこと。『史記』楚世家より―

「がんばってるんだがなあ、『鳴かず飛ばず』だよ」

成果のあがらない**ぼやき**にぴったりの言葉が、この「鳴かず飛ばず」。長らくこれという働きのないことを指して言う。しかし『史記』をひもといてみると、もとは違った意味であったらしい。

前七世紀の末、長江中流域を支配する大国・楚(そ)の国で、荘王(そうおう)（在位 前六一三年～前五九一年）という王が即位した。この荘王、遊びにふけるばかりで、政治などまったくかえりみない。挙げ句に、「諫める者は死罪だ」と**ふれ**を出す始末。そのまま三年が経った。これでは国が立ちゆかぬと、見かねた伍挙(ごきょ)という人物が、王に謎かけをしたいと申し出る。

「ある鳥がおります。三年のあいだ、鳴きもせず飛びもしません。何という名の鳥でしょうか？」

もちろん露骨な皮肉だ。荘王は左右の腕に美女を抱いたまま、こう答えた。

「三年飛ばないが、飛べば天の涯まで飛び上がる。三年鳴かないが、鳴けば人々を驚かす。さがっておれ、わしは承知しているぞ」

ところが、その淫蕩ぶりは以前よりひどくなったようである。こうしてまた数か月が過ぎる。今度は大夫という要職にある蘇従が、王に諫言した。荘王が尋ねる。

「死罪のふれについては存じていような?」

「それであなたさまが正気に立ち返ってくださいますならば、望むところでございます」

聞くや荘王はぴたりと遊びをやめ、数百人を処刑し、かわりに数百人を昇進させた。王は三年ものあいだ、遊んでいるふりをしながら、臣下たちを見きわめていたのである。死を恐れず苦言を呈した伍挙と蘇従は政治を一任され、人々は歓喜した。名君と良臣の力によって楚は力を強め、荘王はやがて天下に覇を唱えるにいたるのである。

鑄客大鼎。戦国時代、楚でつくられた青銅製の巨大な鼎（三本足の鍋）で、重さは400キロもある。大きな鼎は王者のしるしでもあり、楚の荘王は周に取ってかわろうとして、周王の所有する鼎の重さを尋ねた。他人の地位を望んだり、人がその地位にふさわしいか疑うことを「鼎の軽重を問う」というのは、この故事による。安徽博物院（合肥）蔵。

食指が動く

もともとは「食欲がわく」意。転じて、何かを欲する心が生ずること全般を指す。『春秋左氏伝』宣公四（前六〇五）年より

ある日、鄭（河南省）の公子である宋と帰生の二人が霊公の宮殿に向かおうとすると、宋の人さし指（食指）が急にぴくりと動き出した。何だか薄気味悪い話だが、当の宋はその様子をわざわざ帰生に見せて、

「この人さし指（食指）が動くと、いつだってうまいものにありつけるんだ」

とうれしがる。かくて二人が期待に胸をふくらませ参内すると、折しも楚の荘王からスッポンが届けられたとかで、料理人がそれをさばいていた。顔を見合わせて笑う宋と帰生。それを訝った霊公が、わけを尋ねる。すると帰生、よせばいいのに、宋の指のことをべらべらしゃべってしまった。

そこにスッポン料理がご登場。大夫たちもお相伴にあずかる。ところが霊公は、宋にだけは与えな

いという。いたずら心からの意地悪か、それとも厚かましいと思ったのか、食指のお告げをかなえまいとしたわけだ。もちろん宋は面白くない。すっと席を立つや、スッポンの入った鼎にいきなり指を突っ込む。そして驚く一座を尻目に、指をなめながら退出した。

さて霊公の怒るまいことか、宋を始末するなどと言い出す。もちろん宋だって黙ってはいない。先手を打って逆襲しようと、帰生に謀反をもちかけた。そこでの返事が、またいかにもおっちょこちょいの帰生らしい。

「家畜だって、老いぼれたのに手を下すのは嫌なものじゃないか。まして主君じゃなあ」

止めるならもっとはっきり止めればよいものを、こんな言い分では、ただ宋につけ入られるだけだ。帰生の煮え切らない態度を見た宋は、逆に帰生のことを霊公に讒言しようとし、逃げ場のなくなった帰生は、しぶしぶ宋にしたがったのだった。

史書『春秋』は、この事件について「帰生が鄭公を殺害した」と記す。『春秋』の記録意図を解説した『左氏伝』によると、謀反人として帰生の名だけしか挙がっていないのは、「(宋を)抑えこむ力量がなかった（ことを批判している）からだ」という。確かに帰生も褒められたものではないが、この話、全員どこかおかしいように感じられるのは気のせいか。

蟷螂の斧

―身の程をわきまえず、強い者に立ち向かうこと。『韓詩外伝』より―

斉の荘公（在位 前五五四～前五四八）が、狩りに出かけたときのこと。

当時の諸侯がおこなう狩りとは、獲物をしとめることだけが目的ではなく、領内の視察や威圧を兼ねたものだった。騎馬の風習が一般化していないころだから、時代劇に出てくるような早駆け遠乗りをイメージしてはいけない。諸侯は車に乗って、おごそかにお出ましになるのである。

このときの荘公も、車の上で悠然と構えながら、あたりを眺めていたのであろう。と荘公、車のそばに一匹の虫を見つけた。前足をふり上げ、車輪めがけて打ちかかろうとしている。訝った荘公が訊ねると、御者は答えて、

「これは蟷螂（カマキリ）というものでございます。進むばかりで退くことをせず、力の差があろうと相手を恐れない、そんな性質の虫です」

するとと荘公、

「これがもし人ならば、きっと天下の勇士であるはずだ」

と車を回させ、カマキリを避けて通ったという。

恐いもの知らずで向こう見ずなことを「蟷螂の斧」というのはここからきている。自分よりはるかに大きい車に対して、ちっちゃな斧で立ち向かうカマキリをあざ笑うニュアンスがあり、よい意味には用いられない。しかし時の人は、そうは思わなかったようだ。漢代の書物『韓詩外伝(かんしがいでん)』は、この逸話に続けて、勇士たちがこぞって荘公のもとに集まってきた、と伝える。勇敢であれば虫すら大切にするのだから、まして人間であれば決して粗略にはすまいと、人々に見込まれたわけだ。

身のほど知らずは戒めるべきだが、途方もない目標めざして駆け出すときだって、長い人生においては、きっとあったほうがよい。そして、傍観する側にあるときでも、チャレンジする人を理解し、認めることができる人間になりたいものだ。蟷螂の立場からも、荘公の目線からも、人の生き方というものを考えさせられるエピソードである。

太史の簡

権力を恐れず、事実をありのままに記録すること。『春秋左氏伝』襄公二五（前五四八）年にみえる逸話。「太史の簡」という表現は南宋・文天祥「正気歌」より

斉の荘公は勇士こそ尊んだが、素行には問題があったらしい。

荘公には崔杼という権臣があった。棠の領主の弔問に訪れた崔杼は、未亡人・姜の美しさに心を奪われ、家臣の反対を押しきって、姜を後妻に迎えた。ところが、荘公もまた姜に接近し、ねんごろな仲になってしまったのだ。もともと荘公を擁立したのは崔杼であったから、その妻との密通は不義であるのみならず、恩を仇で返す行為でもある。怒った崔杼は、荘公への復讐を決意する。

崔杼が病で公務を欠席した。荘公はこれを見舞う。用が済んだら帰ればよいものを、いつものように姜を追いかけ、館のうちへと進んでいった。ところがその日に限って、姜は奥に入ったきり、姿をあらわそうとしない。怪しんで然るべきところだが、大胆にも荘公は、早く出てこいとばかりに、柱を叩いて歌いはじめた。

その時である。背後の門が閉ざされ、崔杼の手勢が打ち入ってきた。荘公は物見台にかけ登り、許

しを乞うものの、容れられるはずがない。誓いを立てようともちかけるが、断られる。同じ死ぬのなら宗廟（祖先を祀るみたまや）で自殺したいと申し出ても、だめだという。みな口をそろえて、

「崔杼さまはご病気で、御みずから（崔杼自身の主君である）公の命を仰ぐことができぬ。われらは（荘公にではなく）崔杼さまにお仕えする身、主命により巡回するところ痴漢に遭遇したからには、これを討ち取ることだけがつとめ。ほかの指図は一切聞けぬ」

万事休す。荘公は塀を越えて逃げようとしたが、しくじって、そのまま殺された。

もとはと言えば、荘公自身がまいた種。とはいえ、臣下が主君を殺害したことに変わりはない。そこで斉の太史（記録官）は、「崔杼、君を弑す（崔杼が主君を殺害した）」と記録した。崔杼が太史を殺すと、その弟が再び同じように書く。それも殺すと、次の弟が三たび同様の記録をする。それを殺しても、末弟もやはり同じ。崔杼があきらめたところへ、太史の補佐役の南史が、記録用の簡を片手に駆けつけてきた。太史たちが全員殺されたと聞き、記録が残らなくなることを恐れたのである。四人目の太史によってきちんと書きとめられたと知ると、南史は納得して帰っていった。

権力におもねらない彼らの態度は、記録者の鑑として、長く語り伝えられている。さて、今日の記録者たちやいかに。

騏驥の馳せて隙を過ぐるがごとし

あっという間であること。月日の経つ早さについてもいう。「騏驥」は駿馬の意。『荘子』盗跖より

春秋時代、諸侯の覇権争いが激しくなると、乱れた時世に処するため、さまざまな思想が生まれてきた。これまでにないものの観方や新しい技術を求める傾向は、続く戦国時代にますます顕著になり、やがて数多くの学派が形成されるようになった。それらを総称して「諸子百家」という。「諸子」の「子」とは、もともと先生につける尊称で、先生の教えとしてまとめられた書物のことも指す。

何しろこんな時代だから、学者たちには学者たちの闘いがあった。意見を異にする相手を論破し、みずからの理想を広めるために、説得の術をみがかなくてはならない。手短に、かつ的確に自説を伝えたいなら、むずかしい理屈を並べるより、具体的な例を示す方が早い。そのため諸子百家の書には、わかりやすいたとえ話を数多く見いだせる。

とりわけ儒家の『孟子』と道家の『荘子』は、寓話の宝庫だ。儒家とは、上下関係のはっきりした周の時代の社会秩序やそれを守るための行動様式（礼）を重んじる孔子の一派。一方の道家はといえ

ば、人為的な秩序の追求を拒否し、万物の根本（道）に立ち返って穏やかに、あるいは自由に生きることを旨とする。相容れない主張が多いから、『荘子』には儒家批判がしばしば顔を出す。先にご紹介した**「古人の糟魄」**もそのひとつだが、もっと露骨に孔子を嘲るおはなしがある。

盗跖（↓暴を以て暴に易う）は、春秋時代の魯の大盗賊。九千人もの徒党を組み、諸国を荒らし回っていた。その盗跖を改心させようと、孔子がやってくる。盗跖の素質を絶賛し、君ほどの者ならきっとよくなるはずだと「褒めて育て」ようとする孔子を一蹴した盗跖は、儒家の尊ぶ人物たちや、徳ある行いとされるものを、片端から否定してみせる。聖人とか忠臣とかいう奴らは、世俗的な建前にこだわって物事の根本を忘れ、命を粗末にした碌でもない連中だと。そして盗跖の反論は、こう結ばれる。

「貴様に人の情というやつを教えてやろう。きれいなものを見たい、いい音を聴きたい、うまいものを食いたい、欲を満たしたい、それが人情だ。どんな長生きしたっていいとこ百歳、普通は六〇が関の山。それだって、ここが痛いのあれが気がかりだのと、何だかんだとありやがる。大口開けて笑っておれるのは、せいぜい月に四、五日がとこさ。人生の短かいことは、**早い馬（騏驥）（↓騏驥も老ゆれば駑馬に如かず）**が扉の隙間の向こうを駆けていくのと、何の違いもありやしない（騏驥の馳せて隙を過ぐるに異なる无きなり）。それっぽっちのあいださえ好きにやろうとせず、てめえの命も大事にできないような手合いは、道をわかっちゃいないんだ。無駄口叩くな、とっとと帰れ！」

孔子は逃げ出したものの、車の手綱をとる手許は怪しく、視線もおぼつかない。挙げ句、

「病无くして自ら灸するなり（病気でもないのに灸をすえる。しなくてよいことをしてかえって痛い目にあう意）」

と後悔の弁まで述べたというから、フィクションの中のこととはいえ、ずいぶん手ひどくやられたものである。

寡なきを患えずして均しからざるを患う

―国の貧弱さよりも、国内の不平等こそが問題であるということ。『論語』季氏より―

一八四八年二月、フランス。大資本家主導の政治に対して不満を抱く労働者の動きが急速に激化し、国王ルイ・フィリップは位を退いて国外に逃亡した。この**「二月革命」**(↓革命)はヨーロッパ全体に波及し、三月にはブダペストやヴィーン・ベルリンで相次いで革命が起こり、イギリスでも労働者の参政権を求めるチャーティスト運動が息を吹き返した。こうした動きは結局抑えられていったものの、労働者の権利拡大運動がヨーロッパを揺るがした年として、一八四八年は記憶されるべき年である。一九世紀後半以降、各国では労働者の組織化が進み、労働者の声は労働組合運動を通して、しだいに社会に反映されていくようになる。

同じ年、アメリカはメキシコとの戦争に勝利してカリフォルニアを獲得し、太平洋岸に領土を大きく拡張させた。折しもカリフォルニアでは金鉱が発見され、一攫(いっかく)千金を夢見た人々は、西海岸へと殺到した。以後、西部の開拓が進むにつれて、個人主義や革新性に代表される独特の気風が醸成(じょうせい)され、ヨーロッパとは異なったアメリカらしい価値観が生まれたといわれる。英文学者の外山滋比古(とやましげひこ)は、「転石苔を生ぜずA rolling stone gathers no moss」ということわざが、発祥地のイギリスでは「転がるような石には苔が生じない」というマイナスの意味で用いられるのに対し、アメリカでは「転がる石には苔などつかない」というプラスの意味になることを指摘している（『ことわざの論理』東京書籍）。

話変わって、春秋時代の中国のこと。魯の有力者・季氏が、顓臾（山東省臨沂）を攻めようとした。顓臾は魯の属国で、季氏はこれを攻め取り、勢力基盤を強化しようとしていたのである。季氏に仕える孔子の二人の弟子は、師のもとを訪れ、事態を告げた。

「顓臾は備えが強固で、季氏の所領である費の地に近うございます。いま取らなければ、子孫に禍根を残しましょう」

これを聞きとがめた孔子の言葉。

「国や家を治める者は、土地や人民が寡ないことではなく政治が公平でないことを心配し、国が貧しいことではなく民心が安らかでないことを心配する（寡なきを患えずして均しからざるを患え、貧しきを患えずして安からざるを患う）という。そう心がけておれば、君臣和合して貧富もなくなり、武力によらずとも遠方の人は帰服するものだ。一方で、おまえたちの仕える季氏は遠方の人を帰服させられず、魯の国内もばらばらだ。それなのに兵を動かそうとは。季氏が心配すべきものは、顓臾ではなく、もっと身近なところにあるのではないか」

個人の努力や工夫によって困難を突破する開拓者の気風は、アメリカのみならず、世界にも大きな経済的繁栄をもたらした。それは確かだ。しかし、その態度が行きすぎて、他人の苦境を本人の努力や工夫の不足ばかりに帰すようになると、それはもう利己主義でしかない。アメリカ流が幅をきかすにつれ、貧富の格差は際限なく拡大し、富の寡占もますますひどくなっている。日本では自己責任論が蔓延して、社会には冷たい隙間風が吹く。それでいて為政者は、外患ばかり言い立てている。果たして、孔子は何と言うだろうか。

濫觴

―物事のはじめ。起源。『荀子』子道より―

三月三日は雛祭り、桃の節句である。春先に祭礼をおこなう習慣は世界各地にみられるが、東アジアの多くの地域において、それが三月三日という特定の日付と結びついていったのは、中国文化の影響である。

三月上旬の巳の日（上巳）に川べりにいき、災厄を祓う習慣は、漢代にすでに存在していた。人々はそこで祭礼をおこなったり、強い香りの草を摘んだりしていたらしい。理由ははっきりしないが、三世紀ごろ、巳の日ではなく三日に固定されるようになり、その日取りがもたらされた結果、日本でも初春の川遊びや潮干狩りが三月三日におこなわれるようになったのだとか。

一方、中国では古い時代から、桃の木などを削って作った人形を使って、まじないをおこなうことがあった。沖ノ島（福岡県宗像）の出土品などから、このような用途をもつ人形も、中国から伝わってきたものと推定されている。平城京跡をはじめ各地で見つかる人形の出土状況は、七世紀末か八世紀ごろ、人形にけがれを移して水に流す風習があったことを物語っており、そうした人形の用法と三月三日の祓とがセットになって、流し雛が生まれた。それを雛人形として飾るようになるのは、さらに後のことである。

水に杯を浮かべ詩を詠む優雅な「曲水の宴」も、同じ系列に属す行事だ。歴史上とくに有名なのは、東晋の永和九（三五三）年三月三日、紹興（浙江省）の名勝・蘭亭に、**謝安**（↓草木皆兵・蛍雪）や孫綽（**孫楚**（↓漱石枕流）の孫）らが集った宴である。このとき作られた詩を取りまとめ、序文を揮毫したのが、この地の長官であった書聖・**王羲之**（↓竹馬の友）。王羲之自筆の「蘭亭序」は、唐の**太宗**（↓登高）がみずからの陵墓に随葬させたが、手本をまねて書く臨書をとおして、後世に伝えられた。現存する唐宋時代の模本は、今日でも書のひとつの理想像として仰がれている。

さて、曲水の宴とは直接関係ないが、やはり杯（觴）を浮（濫）かべると書いて、「濫觴」という言葉がある。前三世紀の人・荀子の著した『荀子』にみえる、盛装した弟子を孔子がたしなめたエピソードから出たものだ。

「長江が岷山（四川省。九寨溝で知られる）から流れ出るとき、その源の水量は觴を濫かべられるほどであるのに、渡し場がつくられるほどのところまでくると、舟を並べて風を避けなければ渡ることができなくなる。これは水が多いからにほかならない。そんな大層な身なりなどして、満ちたりた顔つきでいたならば、いったい世の中の誰がおまえに意見をしてくれるだろう」

同じ長江の流れでも、水が多い少ないという見かけによって、人の応じ方は変わってくる。だからやたらとうわべを飾って、何でもでき何でも知っているような態度を取ってはいけない、というのである。実るほど頭を垂るる稲穂かな、だ。ここで孔子の用いた比喩から、「物事のはじめ」の意で「濫觴」と言うようになった。

毎年祝う桃の節句。すっかり慣れきって、よく知っていることのように思ってしまいがちだが、なぜ三月三日なのか、なぜ桃や雛人形を飾るのか、なぜ曲水の宴が催されるのか、その濫觴にまでさかのぼると、意外な発見がある。われわれは現在の自分たちの力だけで生きているのではない。歴史によって生かされているのだ。

蘭亭碑。清の康熙帝の筆。右側から中央にかけて、文化大革命の時期に破壊された跡が残っている。蘭亭は紹興市街の南西、**会稽山**（→臥薪嘗胆）の北麓に位置する。曲水の宴にちなんだ水流が整備されており、優雅な衣裳をまとって記念撮影する観光客の姿が跡を絶たない。

日暮れて道遠し

—残された時間は少ないのに、目的が遂げられないこと。『史記』伍子胥列伝より—

楚の荘王（↓鳴かず飛ばず）を諫めた伍挙の子・伍奢は、平王（荘王の孫）の太子に傅役として仕えた。彼の不幸は、費無忌というろくでなしを同僚に持ったことにはじまる。

費無忌はあるじである太子と仲たがいし、その失脚をたくらんだ。そんな中、太子の縁談のため秦（陝西省）に派遣された費無忌は、秦の公女の美しいのを見るや、平王に横取りをすすめる。類は友を呼ぶとか、平王もまた始末に悪い男で、太子の妻として迎えたはずの公女を自分のものとし、男子までもうけた。こんな連中と、太子がうまく折り合えるはずもない。が、太子はいずれ王となる身。そうなったら自分の立場が危ないと、費無忌は平王に太子を讒言した。

太子が謀反を企てていると聞かされた平王は、傅役の伍奢を呼びだして拷問した。費無忌はさらに、伍奢の二人の息子も一緒に殺せと言いつのる。そこで平王、

「来れば父の命は助けてやる」

と息子たちに伝えた。しかし、そうやすやすとだまされる彼らではない。兄は弟の伍子胥に言った。

「行っても無駄なのはわかっている。だが二人とも父の命乞いをしなかったとあれば、世間の笑いものだ。おまえは逃げて、きっと父の仇を討て」

そして父と運命をともにした。平王は莫大な賞金をかけて伍子胥を追わせる。伍子胥は各地を転々とした末、呉の国（江蘇省）に流れついた。

そうこうするうち、平王は世を去り、秦の公女に生ませた子が楚の昭王となった。呉でも王が殺され、新たに闔廬（在位 前五一五～前四九六）が立った。闔廬の即位に功績のあった伍子胥は重く用いられ、楚への復讐を胸に、将軍・孫武と手を携えながら、呉の興隆に尽力した。

長らく好機をうかがっていた闔廬が楚の都を攻め落としたとき、伍子胥の出奔から、すでに一六年の歳月が過ぎていた。父と兄を殺した平王はすでになく、逃亡した昭王はつかまらない。そこで伍子胥は、平王の骸を墓から引きずり出し、三百回も鞭打った。あまりにむごい、人の道にはずれていると咎めたかつての楚の友人に、伍子胥はこう答えたという。

「日は暮れようとしているのに、道のりはまだ遠い（日暮れて道遠し）。人の道をどうこう言って

蘇州（江蘇省）の伍子胥祠。上海近郊の観光地として有名な蘇州は、闔廬のときに伍子胥が整備した呉の都が発展してできた街である。現在の伍子胥祠は1980年代に新しくつくられたもので、伍子胥がいまでも崇敬されていることをうかがわせる。

はおれないのだ」

大望を成すのに残された命が少ないことを、道行きにたとえた言葉。そこには、本懐を遂げられず終わるのではないかと焦って生きてきた伍子胥の、切なる心情がこもっている。

将、軍に在れば君命も受けざるところ有り

いったん軍勢を預かった将軍は、任務達成のため、君主の命令さえ聞き入れない場合があるということ。人の上に立つ者の責任の大きさや、臨機応変な対処の重要性についていう。
『孫子』九変・『史記』孫武列伝より

伍子胥とともに呉王・闔廬に仕えた孫武は、『孫子』の著者として有名である。ご存じのとおり、その思想は、中国のみならずわが国にも多大な影響を及ぼした。

孫武は斉の出身。兵法で知られ、闔廬に引見された。闔廬の言うよう、

「先生のご著書は、すべて拝読いたしました。調練のわざをお示しいただきたいのですが、いかがでしょう、婦人を使ってもおできになりますか」

孫武は承知した。後宮の美女一八〇人が召し出されると、孫武はこれを二つの部隊に分け、隊長として王の寵姫二人を配し、全員に武器を持たせた。

「前の合図なら胸を、左なら左手を、右なら右手を、後ろなら背を見よ」

再三にわたって命令は周知された。いよいよ訓練開始だ。

最初の合図は「右」。ところが女たちは、ただげらげら笑うばかり。孫武は、

「決まりが明らかでなく、軍令が徹底されないのは、将であるわしの罪である」

と、ふたたび命令を確認した。訓練は再開され、「左」の合図の鼓が鳴る。だが、やはり女たちは笑うだけ。孫武は言った。

「決まりがはっきりしているのに、そのままにおこなわれないのは、責任者の罪である」

隊長たちが斬られそうになるのを見てたまげたのは、物見台から様子を眺めていた闔廬だ。急いでそばの者をやり、中止するよう伝えた。すると孫武、

「わたくしは命を受け、将となりました。将たるもの、軍中にあっては、君命であってもお聞き

できぬ場合がございます（将、軍に在れば君命も受けざるところ有り）」

そのまま二人を斬りすてた。次の隊長を決め、訓練を再開する。何もかもが命令どおり、声を立てる者とてない。孫武は使者に報告させた。

「兵はすっかり調いました。どうぞお越しになってご覧ください。王さまのお望みのまま、たとえ火の中、水の中でも進みます」

寵姫を二人も失って、そんな心の余裕があるものか。それには及ばぬと遠慮する闔廬に、孫武が放った痛烈な皮肉。

「王さまは兵法の言葉を好まれるだけで、実用の方は不得手とお見受けいたします」

これだけの目にあわせられながらも孫武を用いたのだから、闔廬には人を見る目があったのだろう。伍子胥と孫武は闔廬をよく補佐し、闔廬は一躍覇者となったのであった。

臥薪嘗胆

過去の失敗を忘れないように、薪の上に臥したり苦い肝を嘗めたりする苦痛を自身に課すこと。大望を果たすため、苦労にじっと耐えるさまをいう。「嘗胆」は『史記』越王句践世家、「臥薪嘗胆」は『十八史略』より

楚を討った闔廬が次に狙ったのは、宿敵・越（浙江省）。ちょうど越王死すとの報が入ったからである。呉と越の仲の悪さは、犬猿の間柄を「呉越」ということからも知られるとおりだ。呉の攻撃を受けた新しい越王・句践は、三隊の決死隊を編成し、

「呉の陣の前に行き、大声で叫んだら、みずから頸を刎ねよ」

と命じた。こんなことを三度もされれば、呉軍は相手が錯乱したと思うはずだ。そこを奇襲しようという作戦である。計略はみごとにあたり、呉の軍勢は敗走、闔廬も矢傷を負った。それがもとで危篤となった闔廬は、太子の夫差に、

「越への恨みを忘れるな」

と言い遺して死んだ。自分から相手の代がわりにつけこんでおいて、ずいぶんと勝手な言いようだが、それはこの時代のこと。夫差は父の遺命を深く胸に刻みつけた。

夜な夜な薪の上で寝て（臥薪）復讐心をかき立てながら、待つこと三年。宰相・范蠡の諫めを聞かず、先手必勝とばかりに攻めこんできた句践を、夫差はさんざんに打ち破り、会稽山（浙江省）に追いつめた。句践は、

「ここはひとまず、へりくだって呉の臣下となりましょう」

という范蠡の進言を受け入れ、夫差に降伏。このことから、忘れがたい屈辱のことを「会稽の恥」という。

句践は故国に帰ると恭順をよそおい、折に触れてはそばにおいた苦い胆をなめて（嘗胆）、恥を忘れまいとつとめた。さらに、夫差の女癖の悪さに目をつけ、美女・西施を差し向ける。果たして夫差は、越への恨みなどどこへやら、すっかり西施に首ったけ。調子に乗って諸国を攻めた挙げ句、伍子胥の諫言を煙たがり、自害を命じる。伍子胥は死に際し、

会稽山。紹興（→濫觴）の郊外に位置する。治水によって天下を治めた伝説上の帝王・禹はこの地で没したとされ、山麓には禹の陵墓とされるものが現存する。「臥薪嘗胆」は宋代以降に登場する新しい表現で、古い書物には「嘗胆」のエピソードしかみえない。

「わが墓に梓を植えよ。夫差の棺をつくれるはずだ。わが眼をくりぬき東の城門におけ。越が呉を滅ぼすのを見とどけよう」

と言ったという。やがてその言葉どおり呉は越に敗れ、降伏を拒否した夫差は自刎して果てた。前四七三年のことである。死に赴く夫差の言が、何とも情けない。

「わしの両目を布で覆え。あの世で伍子胥に合わせる顔がないから」

第二章 戦国篇

西暦	出来事
前401	趙・韓・魏が周王から諸侯として認められる
前388	斉，田氏にとってかわられる
前385	呉起が殺害され，楚の改革終わる
前361	魏，大梁に遷都。秦の孝公即位
前4C半以降	魏，斉，趙，秦，燕，韓が相次いで王を称する
前342	斉の孫臏が魏の龐涓を破る（馬陵の戦い）
前318	諸国が連合して秦を攻める
前284	秦と同盟した諸国によって斉の都・臨淄が陥落
前278	秦の白起，楚の都・郢（紀南城）を攻略
前260	秦の白起，趙を破る（長平の戦い）
前256	秦，東周を滅ぼす
前247	秦王政（のちの始皇帝），即位
前221	秦が天下を統一

戦国時代の中国

能くこれを言う者は未だ必ずしも能く行わず

――言葉上手な者が実行力にもすぐれるとは限らないという意味。『史記』呉起列伝より――

覇者の時代は前五世紀なかばごろに終わりを告げ、以後二百年あまりにわたって、各地に立った王たちが抗争をくりひろげた。この時代を「戦国時代」と呼ぶのは、一説によると、当時の歴史について記した『戦国策』という書名からだという。

戦国時代初期に活躍した呉起（前四四〇〜前三八一）は、孫武（→将、軍に在れば君命も受けざるところ有り）と並び称される兵法家である。衛（河南省）の生まれで、大臣・宰相とならなければ衛へは戻らぬと誓って故郷を離れ、孔子の門人であった曾子（曾参）（→身体髪膚、これを父母に受く）に師事した。が、母が死んでも誓いにしたがって帰らなかったため、親孝行者であった曾参に破門された。そこで魯へ行き、兵法を学んで仕官した。

そんなとき、東の斉が魯にいくさをしかけてきた。魯公は呉起に軍団を任せることをためらう。呉起の妻が斉の出身だったからだ。すると呉起は、何と妻を殺害して将軍となることを求めた。かくて斉を大破したものの、さすがにいづらくなり、魏（山西省）に移った。

呉起の配下のある兵士が、腫れものを患った。兵士の母親は、将軍がみずからそのうみを吸ったと聞いて、大声をあげて泣き出した。人がわけを尋ねると、

「あの子の父親も呉起さまにうみを吸っていただき、敵に背中を見せず討ち死にしました。今度はあれがどこで死ぬのかと思って泣くのです」

と答えたという。呉起は兵法もさることながら、人心掌握が巧みだったということだろう。魏では重く用いられたが、妬む者に謀られて、楚へ逃れた。

楚の悼王は呉起の名声を聞いていたから、すぐさま彼を宰相に任じた。呉起は法令を明らかにし、不急の官をやめ、王族の縁遠いものを廃して、生じた余裕で兵を養った。こうして楚は強大になったが、諸国は楚の勢いを懸念し、王族らも呉起に殺意を抱いた。

引き金となったのは、庇護者である悼王の死だった。襲撃を受けた呉起は、悼王の遺骸のもとへ走り、その上に突っ伏した。刺客たちの放った矢は、呉起だけでなく、王の遺骸にも命中する。呉起は命を落としたものの、やがて悼王の葬儀が済むと、王の遺骸に矢を射たとして、刺客たちはことごとく処刑された。連坐して一族皆殺しとなった家は、七〇あまりにものぼったという。死してなお、呉起は復讐を遂げたのであった。

実務に長け、部下の心をつかむことにも優れていながら、行く先々で敵をつくり、出世のためには妻をも殺した男。評価の分かれるところである。『史記』において司馬遷は、呉起を口先だけの人物とみなしている。

「『能くこれを行う者は未だ必ずしも能く言わず、能くこれを言う者は未だ必ずしも能く行わず（実行力のある者でも弁が立つとは限らない。弁の立つ者ならうまく実行できるというわけでもない）』という。**孫臏は自分を罪におとしいれた龐涓を謀略によって倒した**（↓豎子の名を成す）が、そうしないうちから弁舌でもって刑罰を免れることはできなかった。呉起は山河の険阻も徳政には及ばないと魏の武侯に説きながら、楚で薄情な政治をおこなって、みずからの身を滅ぼした。悲しいことだ」

二卵を以て干城の将を棄つ

―過去の小さな過失を理由に、優秀な人材をしりぞけること。『孔叢子』居衛より―

孔子の孫・子思は、曾子の門人だということから、呉起の兄弟弟子ということになる。前五世紀に活躍した人物で、その学派からは、のちに孟子があらわれた。子思の著作とされる『中庸』は、孔子―曾子―子思―孟子という学統を重んじた南宋時代の朱子（一一三〇〜一二〇〇）によって、儒学の最重要の経典「四書」のひとつに位置づけられた。

魏晋のころできた書物『孔叢子』に、子思にまつわるこんなエピソードが伝わっている。子思が衛の国に仕えていたとき、苟変という人物を推挙したことがあった。

「苟変は、戦車五百乗の軍団に将たることができる人材です。あの者を将軍に任じましたら、天下無敵でありましょう」

すると衛侯が答えるには、

「それはわしもわかっておる。だが、苟変はかつて役人だったころ、民から卵をひとり二個ずつ取り立てて着服したことがあった。だから用いないのだ」

そこで子思の言うよう、

「聖人が人に官職を与えるのは、名匠が木を用いるのと同じで、良いところを取って悪いところを棄てます。名匠は、幾かかえもあるようなみごとな杞や梓（いずれも良材）でしたら、数尺くらい朽ちていても、棄てたりはいたしません。少々いたんでいようと、それは所詮わずかであり、最後にはみごとな器に仕上がるとわかっているからです。ところでいま、殿は戦国の世にあって、もののふを選ぼうとしておられます。そんなとき、卵二つ取ったからとて国の楯となる将を打ち棄てた（二卵を以て干城の将を棄つ）などと隣国に漏れれば、具合が悪くはございますまいか」

これを聞いた衛侯、再拝して子思の言を容れたという。

完璧な人間などいるわけがない。人みなそれぞれ、一癖あっても、長所を生かせる場がきっとあるはずだ。もともと背任の弁護だったというのがやや気がかりではあるが、そのような「二卵」をもって棄ててしまうには、惜しい言葉である。

孟母三遷

子どもの教育に大切なのは周囲の環境であるという意味。孟子の母（孟母）が子育てに適した場所を求めて住まいを三たび遷したことから。『列女伝』鄒孟軻母より

孟子（前三七二〜前二八九）が幼いとき、その家は墓地のそばにあった。墓場でおこなわれることを毎日のように見ていた彼は、葬式ごっこをしたり穴を掘って埋めたりして遊んでいた。それに気づいた孟子の母は、ここは子育てに向かないと、市場の脇に引っ越した。すると孟子は、物売りのしぐさをして遊ぶようになった。ここもだめだと、母子は今度は学校のそばに引っ越す。儀式の所作や行儀作法をまねて遊ぶ孟子を見て、母はようやく納得し、そこに住みついたという。

前漢末の人・劉向がまとめたとされる書物『列女伝』にみえる故事。親が子の教育のために環境を選ぶことや、ひいては環境こそが教育に重要だということを「孟母三遷」と表現するのは、これに由来する。

さて、長じて学問の道に入った孟子が、あるときふらりと帰ってきた。ちょうど機織りをしていた母は尋ねる。

「勉強はどこまで進んだのかい」

孟子が、

「以前と変わりありません」

と答えると、母は何と刀を持ち出し、織りかけの布を断ちきってしまった。孟子の驚くまいことか。母は言った。

「おまえが学問をやめてしまったら、わたしがこの布を断ったのと同じことじゃないかい」

「孟母断機」として知られる故事。一般には、これによって孟子は奮起したとされているが、『列女伝』の原文によると、孟子が学問に励むようになったのは「懼」れたからだとある。要は、母親の極端な行動とその剣幕を見て、これはうかつに帰ったらとんでもないことになると、おびえおののいたのである。やり方の是非は別として、なるほど孟子には家庭環境の影響もあったのか、と思わずにはいられない。

ところで、フランスの社会学者ピエール・ブルデューは、「文化資本」という概念を用いて、社会的不平等が再生産されるからくりを説明している。社会的に優位な立場にある人々に共有される性向や趣味は、その社会において高い価値を獲得し、教養・学問とみなされる。教養・学問（とされたもの）は、それをより多くもつことが社会的地位の向上をもたらす、文化的な「資本」である。しかし、もともと文化資本は社会的に優位な人々にとって都合のよいようにできているので、それを見かけの上で平等に与える制度である学校教育も、結局は社会的に優位な人々にとって有利に作用し、不平等な構造が再生産されていくわけだ。収入が多ければよい教育機会を得られるというだけの、単純な話ではないのである。

教育や学力なるものの社会的なあり方そのものに対して、これだけ根本的な疑義が投げかけられて久しいのに、一方ではいまだに「学力は遺伝で決まる」「いや環境で決まる」と議論されているのを見ると、絶望的な気持ちになってくる。社会の不平等に対してではない。「学者」とされる人々の思考停止にである。この国は本当に大丈夫だろうか。

瓜田李下

――人に疑われるようなことはすべきでないという意味。『列女伝』斉威虞姫より――

斉の威王（在位 前三五六～前三二〇）は、即位してから九年ものあいだ、政治を大臣たちに任せきりにし、連日酒宴にふけっていた。そんな王を尻目に、実権を握って勝手放題をはじめたのが、周破胡という男。妬み深いたちで、すぐれた人物を謗り、無能な者にへつらう、絵に描いたような奸臣である。王の側室であった虞姫が見かねて、威王に言った。

「破胡のような性根のゆがんだ家臣は、退けなくてはなりません。この斉の国には、北郭先生という立派な人物がおります。お近くにおかれますよう」

が、人をおとしいれるのは破胡の得意とするところ。

「あの虞姫は王さまのおそばにあがります前、民間にあって、北郭先生と通じておりました」

などと言い出した。かくて虞姫は囚われの身になってしまう。

それで満足する破胡ではない。取り調べの役人に賄賂を贈り、でたらめの供述をでっちあげさせた。ところが威王は、様子がおかしいと、虞姫を呼んでみずから訊問した。

「『瓜田を経て履を躡まず、李園を過って冠を正さず（瓜畑で履きものを履きかえたり、李園で冠をかぶりなおしたりして、瓜や李を盗んだとあらぬ疑いをかけられるようなことをしてはならない）』と申しますのに、わたくしはそれを避けることをしませんでした。死罪は免れぬものと覚悟しておりますが、されどこれだけは言わせてくださいませ。悪臣のさばるといえども、破胡ほどの者はおりませぬ。王さまがまつりごとをお執りにならぬゆえ、国は危機に瀕しているのですよ！」

虞姫の言に、王は動いた。破胡とその仲間は処刑され、震えあがった家臣たちはみな行いを正し、斉は大いに治まったという。

これも『列女伝』にみえる話。今日一般化している「瓜田に履を納れず、李下に冠を正さず」という表現は、唐代に古い歌の一節として伝わっていたもので、いつ成立したのかはっきりしない。いずれにせよ、それを斉の威王の故事と結びつけ、虞姫を主役に仕立てたのは、『列女伝』の創作であろう。というのは、『列女伝』より早く成立した『史記』によると、威王の放蕩は意図的なもので、諫める臣下とのあいだに「鳴かず飛ばず」と同じやり取りがあったとされているからである。

諸侯が周王の地位をおびやかし、家臣が諸侯にとってかわる乱世にあって、ただ先君の跡を継いだというだけで国内を掌握することはむずかしかった。すぐれた君主ほど、敵と味方をよく見きわめて、信頼するに足る者の力を結集していったのである。そうしたことがたびたびあったからこそ、似たようなエピソードが主人公を変えて伝わったのだとみるべきであって、どちらが真実なのかなどと問うのは野暮なことだ。それと同様に、虞姫の話は虚構か否か、というのも愚問かもしれない。歴史家が知っているのは、威王のもとで斉が強盛となり、西の大国・魏と対峙するにいたったことだけである。

珠をつらねた豪華なアクセサリー。西周（東遷以前の周）時代の晋の国のもの。人を大切にした威王は、前後12台ずつの車を照らせる珠を10個持っていると自慢した**魏の恵王**（→豎子の名を成す）に対して、「わたしにとっての宝は人材です。車12台どころか、千里を照らせます」と返答し、恵王を恥じ入らせた。珠とは真珠のほか、球形の宝玉・ガラスなどについてもいう。山西博物院（太原）蔵。

豎子の名を成す

つまらない相手に功名を立てさせてやるという意味。予想外の敗北を憤り嘆く言葉。「豎子」は、小僧っ子、青二才の意。『史記』孫臏列伝より

斉で威王が立ったころ、魏は恵王（在位 前三七〇〜前三一九）の治世であった。魏は趙（山西省）・韓（河南省）と同じく、春秋時代の大国・晋の家臣が自立してできた国だ。晋の都の一帯をおさえていたため、戦国時代の初期においては、諸国のうちもっとも勢いさかんであった。

当時、魏の恵王のもとに、龐涓という将軍がいた。同門にはかの孫武（↓将、軍に在れば君命も受けざるところ有り）の子孫がおり、龐涓をしのぐ才を持っていた。そこで龐涓は、その学友を魏に呼びよせたが、嫉妬心を募らせた挙げ句に罪を着せ、臏（あしきり。歩行能力を奪う刑罰）の刑におとしいれた。このため、この学友は孫臏とあだ名されるようになった。

孫臏は罪人として人前に出られない身ながら、魏の都・大梁（河南省、現在の開封）を訪れた斉の使者にひそかに接触をはかり、故郷の斉へ逃亡してしまった。斉の将軍・田忌は孫臏を歓待し、彼を威王に推薦して、威王は孫臏を兵法の師とした。

それから一〇年あまりのこと。魏と趙が共同で韓を攻撃し、韓は斉に援軍を求めた。孫臏をともなった田忌は、大梁へとまっすぐ軍を進める。これを聞いた魏の将・龐涓は、韓から取って返したものの、すでに斉軍は西に行きすぎたあとだった。これにより、龐涓率いる魏軍が、魏の都に迫る斉軍を追う形勢となる。孫臏は田忌に言った。

「三晋（晋から独立した趙・魏・韓の三か国のこと）の兵は猛々しく、斉を臆病者呼ばわりしています。これを利用しましょう。魏の地に入りましたら、兵士らに一〇万のかまどをつくらせ、翌日はこれを五万にし、その翌日は三万に減らしますように」

斉軍を三日追撃した龐涓は、かまどが減っていくのを見て、

「斉の連中が臆病だとは知っておったが、どうだ、三日で半分以上も逃げ出したぞ」

と大いに喜び、敵をあなどって本隊をあとに残し、精鋭だけで急追をはじめた。その進軍の速度を推算した孫臏は、暮れどきに馬陵（山東省南部ともいわれるが、未詳）にいたるとみた。この附近は道幅が狭く周囲も険しく、兵を伏せておくにはもってこいの場所だ。そこで、一本の大樹のおもてに細

工をさせた上で、弓の巧みな者らに一万もの弩（機械じかけの大型の弓。ボウガンのこと）を与え、道の両脇にひそませて、日没後に火が見えたら発射するよう取り決めた。

果たして龐涓が馬陵に差しかかるころ、あたりは暗くなっていた。見ると、大樹の表面を削って、何か書きつけてある。灯りもたず道を急いでいた龐涓は、そこでようやく火をともす。と、そこにはこうあった。

「龐涓、この樹の下に死す」

龐涓が読み終わらぬうち、一万の弩が一斉に放たれた。支離滅裂になった魏軍。もはや勝ち目はない。知略も尽きた。龐涓は、この命くれてやるとばかりに、

「こうして小僧の名をあげてやるのだ（遂に豎子の名を成す）」

と言い遺し、自刎して果てた。斉軍は魏軍を全滅させ、総大将だった魏の太子を生けどりにして帰った。こののち孫臏の名は天下に轟き、片や魏の国威は傾いていくのだった。

五十歩百歩

――多少違っていたところで、どちらも大したことはないという意味。『孟子』梁恵王章句上より――

「君と彼とでは、どっちの方がゴルフがうまいんだい」
「そう違わないな、『五十歩百歩』というところだね」

このように、「大差ない」意で用いられる。しかし、百歩といえば五〇歩の倍だ。考えようによっては、とんでもない差ではないか。それがこんなふうに使われるようになったのには、わけがある。魏は恵王のとき都を東の大梁に移したので、恵王よりのちの魏のことを梁ともいう。諸国を巡って王道政治を説いていた孟子が梁を訪れ、恵王に会ったときのこと。

恵王「わしはまごころを尽くして政治をしてきた。国の東で凶作があれば、民を西に移したり、食べものを東に送ったりした。西で凶作があるときは、逆のことをしてやった。隣国のやり方を見ても、これほど民に気づかいしているようには思えぬ。なのに、まわりの民がわしの国に集まってくる気配もない。これはどうしたことか」

孟子「王さまはいくさがお好きなので、いくさをたとえに申し上げましょう。進軍の太鼓が鳴り、いざ合戦というとき、逃げ出した者がおりました。ひとりは百歩逃げ、もうひとりは五〇歩逃げて、俺は五〇歩しか逃げていないと、百歩逃げた者を笑いました。さて、どのように思し召されますか」

「笑う資格はないな、逃げたことに変わりはなかろう」

「それがおわかりなら、民の増えるのをお望みなされますな。この程度では、まだまだまことの政治とは申せません。餓死者が出ても『わしのせいではない。凶作だからだ』などと仰せられるのは、人を刺し殺しておいて『わしがやったのではない、刃物がやったのだ』というのと同じこと。作柄のせいになどなさらず、ご自分のまつりごとをお改めなさいませ。さすれば天下の民が集って参りましょう」

恵王の見せかけの善政など隣国と五十歩百歩だ、というのだ。民生の安定を第一とした政治の実現を目指し、民の声は天の声だとして、望ましくない政権は交替すべしと説いた孟子らしい言葉である。

恵王がその長い治世をいくさに明け暮れたのは、好戦的な性格だけでなく、威勢を誇る魏の支配者としてのメンツや、四方を強国に囲まれた地理的条件とも無縁ではなかった。「五十歩百歩」の逸話の中で、みずからの評判や隣国のことを気にしている様子からも、恵王のプライドや焦りがうかがえる。しかし、打開策をいくさに求めたことが、結果的に国力を損なう原因になったことも、また事実である。何と言っても、孫臏や公孫鞅（のちの商鞅。秦の名宰相）といった逸材をむざむざと斉・秦に流出させ、その率いる軍に大敗を喫したことは、取り返しのつかない失態だった。昔の栄光にしがみついて大国ぶったり、隣国の脅威を吹聴するのも結構だが、何がいちばんの宝なのか、まことの為政者ならよく考えた方がよい。

秦の行政文書（部分）。法律を意味する「律令」という文言がみえる。魏の恵王の祖父・文侯に仕えた李悝は、法の整備や穀物価格の調整をおこない、富国強兵を成しとげた。民が増えないことを嘆いた恵王の言い分にも、李悝の政策の影響が反映されている。李悝の同僚であった**呉起**（→能くこれを言う者は未だ必ずしも能く行わず）は楚に移って法を改め、恵王のもとを去った商鞅は法によって秦の体制を強化した。里耶秦簡博物館（湖南省）蔵。

庖丁、牛を解く

——奥義をきわめたすばらしい腕前のこと。『荘子』養生主より——

夏目漱石『夢十夜』の「第六夜」は、運慶が護国寺の山門で仁王を刻んでいるのを「自分」が見物に行く話である。運慶のあざやかなわざに感心している「自分」に向かって、そばの男が言うには、

「あれは眉や鼻を鑿で作るんじゃない。あの通りの眉や鼻が木の中に埋っているのを、鑿と槌の力で掘り出すまでだ。まるで土の中から石を掘り出す様なものだから決して間違う筈はない」

これと似たエピソード。梁の恵王のもとに丁という名の庖人（料理人）がいた。あるとき、恵王の御前で丁が牛をさばいた。手足のはこびの奏でるリズム、肉を断ち斬るその響き、まるで雅びな舞楽さながら。恵王は、

「すばらしい。わざとはこれほどまでに究められるものなのか」

と感嘆する。それを聞いた丁は、刀をおいて言った。

「わたくしの求めるものは道でございます。それはわざを超えたものです。はじめは目でもって牛そのものを見ておりましたものが、いまでは心の動きにしたがって、天のことわり、牛本来のつくりのままにさばいております。おかげで一九年経っても、わたくしの刀は刃こぼれひとついたしません」

この故事から、「庖丁（ほうてい）、牛を解く」という、熟練した腕前をたたえる言葉が生まれた。一説には、現代日本語の「庖丁（ほうちょう）」の語源がここにあるともされるが、これは少し怪しい。なぜなら、台所用刃物の「庖丁」は「庖丁刀（ほうちょうがたな）」の略だからである。「丁」にはもともと「専門的な技術によって人に仕える者」という意味があり（「園丁」など）、中国でも日本でも、古くは料理人一般を「庖丁（ほうてい／ほうちょう）」と呼んだ。「庖丁刀」は「料理人が使う刃物」でしかないので、それを縮めたいわゆる庖丁も、恵王に仕えた丁と直接の関係はないだろう。ちなみに中国では、庖丁を「菜刀（ツァイダオ）（料理用刃物）」「厨刀（チューダオ）（台所用刃物）」と言い、「庖丁（パオディン）」とは言わない。

そもそも、丁は平凡な「庖丁」とは一線を画す名人だったと考えなければ、丁の話を聞いた恵王の、

ウシの屠殺の場面を描写した陶像のセット。漢代のもの。『孟子』ではいくさ好きでまことの善政を知らぬ君主として描かれた梁の恵王が、『荘子』では自由闊達に生を全うすることを悟った人物とされているところも興味深い。徐州博物館（江蘇省）蔵。

「わしは、（道にしたがって）生を大切にする（道家がめざす理想的な）生き方の意味がわかった」

という台詞によってこの寓話がしめくくられるわけを理解できない。儒家のような理屈によらず、ただ天のことわりにしたがっていけば、牛をさばく姿さえ聖人がつくった舞楽に匹敵するようになる、というのが**荘子の主張**（↓古人の糟魄）なのだ。してみれば、「庖丁、牛を解く」がただ技術をたたえる言葉ではないことも、おのずと知れよう。そして同時に、うわべだけの字面や部分的なエピソードだけを切り取って、語源を語ったり成語を解釈したりすることの危うさにも気づかされるのである。

蛇足

―余分なもの。または、余分なものをつけ加えること。『史記』楚世家より―

「蛇足」に説明が必要とも思えないが、蛇足となることを承知で言い換えれば、「無駄なこと、余計なものをつけたすこと」とでもなろうか。

紀元前三二二年というから、斉の威王・梁の恵王の治世の末期。当時、衰退した魏にかわって秦と斉が擡頭し、西から秦に圧迫された南方の楚は、長江・淮河の下流域へと進出しつつあった。そんな中、楚の上柱国（官名）であった昭陽が、魏を大いに打ち破り、余勢を駆って斉に侵攻してきた。事態を重くみた斉の威王は、たまたま秦から使いにきていた遊説の士・陳軫を、昭陽の説得にさし向けることにした。陳軫は秦の恵文王のもとで**張儀**（↓鶏口牛後）と競った名うての謀士で、楚の内情にも詳しい。

成算を問う斉王に、心配ご無用と言い切る陳軫。すでに腹案があったのだろうか、とにもかくにも昭陽の陣へ。

陳軫「楚の国の法では、敵軍を破り敵将を殺すと、どのような恩賞を得られましょう」
昭陽「官職は上柱国、爵位は上執珪（じょうしっけい）となる」
「それよりも高い位はございますか」
「令尹（れいいん）だけだ」

ここぞとたたみかける陳軫。

「ではあなたさまは、もう令尹となっておられるわけです。ここでひとつ、たとえ話をお聞かせいたしましょう。ある人が、卮（し）（大型の酒杯（しゅはい））にいっぱいの酒を家来たちに与えました。数人で飲むには少ないとみた家来たちは、『地面に蛇の絵を描いて、いちばん先にできた者が、ひとりで飲むことにしよう』と決めました。さて最初の男、杯を手にしながら、『足だってつけたせるぜ』と、よせばいいのに足を描きたしました。するとあとから描き終えた者が酒を奪い取り、飲んでこう申しました、『蛇にはもともと足なんてないのに、足をつけてしまったら、それはもう蛇じゃないぞ』と。しかしていま、あなたさまは上柱国として魏を攻め、その軍を破り将を殺し、莫大な功績をあげておられます。このうえ手柄があっても、もう令尹より先にはのぼりようがないわけです。ところがこうして、矛先をまた斉に向けておられる。ここで勝ってもさらなる官爵は望めず、負ければ死罪となり、お家のご領地も召しあげられましょう。これぞまさに、蛇を描いて足をつけるようなものです。兵をお引きになり、斉に恩をお売りなさいませ。それでこそ、得たものを目一杯に守りぬけるのです」

昭陽はうなずき、楚軍はただちに撤退した。陳軫の舌先三寸が、大軍を動かしたのである。

こうしてみると、「蛇足」の本来の意味は今日の用法より重く、「余計なことをしてすべてを台なしにすること」を指していたようである。さらなる高みを目指して勝負に出るか、リスクを避けて手持ちのものを守り続けるか。人の生き方を問う厳しさが、そこにはある。

鶏口牛後

大きな集団につきしたがうより、小さい集団の長でいる方がよいという意味。『史記』蘇秦列伝より

秦の始皇帝の兵馬俑は有名だが、同じ西安の近郊にある漢の陽陵の兵馬俑は、あまり知られていない。陽陵は**漢の高祖（↓挽歌）**の孫・**景帝（↓朝令暮改）**の陵墓である。陽陵から出土した数多くの文物のうち、とくにユニークなのは、膨大な数の動物俑だ。大型家畜のウマやウシだけでなく、ヒツジやブタ、さらにはイヌやニワトリまでもが、これでもかと並んでいる。当時の中国においてどんな動物がなじみ深い家畜であったかを伝える、きわめてわかりやすい資料と言える。

こうした動物たちは、故事成語にも頻繁に登場する。千里をゆく馬、解体される牛、横領される鶏の卵など、挙げればきりがないが、もっとも典型的な例は「鶏口牛後」だろう。「鶏口」とはニワトリのくちばし、「牛後」とはウシの尻。大きい組織の末席に甘んじるより、たとえ小さくてもトップにいた方がよい、という意味である。海に囲まれた日本だと、これが「鯛の尾より鰯の頭」になる。

周王のお膝下・洛陽で生まれた蘇秦は、張儀とともに鬼谷先生に学んだ弁舌の士である。張儀は秦

の恵文王のために働き、斉につこうとする魏の動きを牽制して秦と同盟を結ばせるなど、諸国が連合して秦の伸張を阻害しないようつとめた（**連衡**）（↓汨羅に死す）。そのため秦の勢いはさかんになる一方。果ては、周を継いで天下の支配者となる野望をあからさまにしはじめた。これに敢然と立ち向かったのが蘇秦だ。

蘇秦は北方の燕（河北省）を足がかりに諸国を遊説し、団結して秦にあたること（合従）の利を説いて、つぎつぎに王たちを説得する。その際のひとこま、秦にもっとも近く国土も小さかった韓の国でのこと。

「韓は天然の要害で、兵力も充分。**強い弓や弩**（↓豎子の名を成す）はことごとく韓でつくられております。王さまも賢明であらせられます。それにもかかわらず秦に屈すれば、父祖の名を汚し、天下の笑いものとなりましょう。あの秦のことです、弱みを見せればつけこんで、あそこをよこせここを差しだせと、要求に際限ありますまい。ことわざにも、『鶏の口となろうとも、牛の尻にはなるまいぞ（寧ろ鶏口と為るも牛後と為る無かれ）』と申します。秦になびくことは、それこそ牛の尻になり下がることです」

これが韓王の心に火をつけた。かくて燕・趙・魏・韓・楚は合従し、共同で秦を攻撃したものの、勝利は得られなかった。失意の蘇秦は燕に帰ったが、もはや彼の居場所はない。やむなく斉に逃亡し、そこで人に憎まれて殺された。

しかしこの男、やはりただ者ではなかった。息を引き取る間際、斉王に向かって、

「わたくしの尸を車裂の刑（くるまざき。手足をそれぞれ車にしばってばらばらの方向に引き、身体を分解する刑）に処し、『蘇秦は燕のために斉を混乱させようとした』と広めてください」

と遺言したのである。果たして、燕のスパイを殺したのは自分だと、刺客がのこのこ名のり出てきた。王はこれを処刑し、蘇秦の仇を討ったという。

漢陽陵の犬俑。現在の日本犬と同じように、耳が立って尻尾が巻いており、日本のイヌのルーツを考える手がかりのひとつとなっている。このようなタイプのイヌは、今日の中国では一般的ではない。漢陽陵博物館（西安）蔵。

隗より始めよ

事を起こすには、身近なところからはじめるべきだということ。転じて、最初に言い出した者が率先してやるようにとの意味にも用いる。『史記』燕召公世家・『戦国策』燕策より

現在の北京一帯を拠点としていた燕(えん)は、北方・東方で勢力を拡大し、前四世紀の後半には遼東(りょうとう)方面をうかがうまでに成長していた。しかし蘇秦(そしん)の死からほどなく、燕王噲(かい)が宰相の子之(しし)に位を譲ると言い出し、その内紛に乗じた斉に攻め込まれ、都を占領されてしまう。混乱の中で即位した昭王(しょうおう)(在位前三一三〜前二八〇)は、郭隗(かくかい)先生のもとを訪れて決意を語った。

「わしは燕の弱小を思い知った。だが優秀な人材と力をあわせ、先王の恥をすすぎたい。いかなる方策があるだろうか」

郭隗は答えて言った。

「帝は師を迎え、王は友と交わり、覇者は臣下とともにあり、亡国の君はしもべを使うとか（人に対する態度によって国は浮きもし沈みもする意）。へりくだって教えを乞えば、自身の百倍すぐれた者を迎えられるとも申します。もし王さまがみずから国内の賢者のもとに出向かれ、ご自身の姿勢を示されましたなら、その評判を聞きつけて、天下の人材が集って参りましょう」

そこで昭王、

「では、どなたを訪えばよいか」

すると郭隗は、

「聞くところによれば、いにしえのある君主が千金をもって千里をゆく名馬を求めようとしましたが、三年経っても得られませんでした。そこで、名のり出た家来に任せてみたのです。その者は三か月をかけて、すでに死んだ千里の馬を見つけ、その骨を五百金で買って戻りました。死に馬に大枚をはたいたのかと怒る君主に、家来はこう答えたといいます。『死んだ馬さえ五百金で買うのであれば、生きた馬ならなおさらのこと。世間の者たちは、王さまが馬を高く買ってくれると思うでしょう。近々きっと名馬が手に入るはずです』。果たして一年も経たぬうち、千里の馬が三頭も得られたそうでございます。もし王さまが人材をお望みなら、まずはこの隗よりおはじめなさいませ（先(ま)ず隗より始めよ）。隗ごとき者ですら師と仰がれるとなれば、さらなる賢者が千里の道をも遠しとせずにまかり越しましょう」

そこで昭王は郭隗のために御殿を築き、師として遇した。するとどうであろう、魏から名将・楽毅(がっき)が、斉から高名な思想家の鄒衍(すうえん)が、趙から将軍・劇辛(げきしん)がという具合に、腕に覚えの者らが続々とやってきた。昭王は家臣を大切にし、民と苦楽をともにして、耐えしのぶこと実に二九年。燕と諸国の連合軍によって、斉はさんざんに打ち破られ、時の斉王・**湣王**(びんおう)（↓長鋏よ帰らんか）も落命した。斉の国都を攻め落としたのは、楽毅率いる燕軍だったという。

鶏鳴狗盗

鶏の鳴きまねや狗のようなこそ泥。つまらない特技。また、つまらない特技が思いがけず役立つこと。『史記』孟嘗君列伝より

夜をこめて鳥の空音ははかるともよに逢坂の関はゆるさじ

前三世紀のはじめ、斉の勢力は絶頂期にあった。その繁栄を支えたひとりが、王族の孟嘗君である。さまざまな特技をもつ人物やわけありの亡命者などを食客（衣食の世話を受ける客人）として手許におき、分け隔てなく接したので、人がどんどん集まり、その数は数千にも達したという。

当時、東の斉と並んで強盛を誇っていたのが、西の秦。孟嘗君の名声に目をつけた秦の**昭襄王**（↓完璧）は、ぜひわが国へと勧誘し、宰相に迎え入れることに成功する。ところが、斉の王族の重用をたしなめられると、やおら心変わりして、孟嘗君の殺害を企てはじめた。

とらわれた孟嘗君は、王のお気に入りの側室にとりなしを依頼する。返事はこう。

「狐白裘をいただけるのなら」

狐の腋の白い毛で作った、高価な衣だ。これにはさしもの孟嘗君も、居並ぶ食客たちも、頭を抱えるばかり。何しろ手持ちの狐白裘は、昭襄王に献上してしまっている。かといって、そうたやすく替えが都合できる代物でもない。すると突然、もっとも下座にいたひとりの男が、自分が狐白裘を手に入れてみせると名乗り出た。これが「こそ泥（狗盗）の名人」だったというのだから、食客数千人には恐れ入る。

宝物庫から失敬した狐白裘のおかげで、孟嘗君は釈放された。あとはどろんを決めこむばかりだが、何しろ法治で聞こえた秦の国、道を行くにも容易でない。手形を偽造し名前をいつわり、都を逃れ出たものの、行く手はまだまだ遠い。片や心変わりの名人・昭襄王、解放したのを後悔し、いまさらながらに捕り手を放つ。

追われる身となった孟嘗君は、夜中にやっと国境までたどり着いた。さあ、この函谷関（河南省霊宝）さえ抜ければ脱出だ。が、一番鶏まで関所は通れない。後ろからは追っ手が迫る。万事休したそのとき、ふと時ならぬ鶏の声。それに誘われ、ニワトリどもが一斉に鳴きだす。……関が開いた！

命からがら函谷関をあとにした一行。こんな都合のよい偶然があるだろうか。もちろん、これも食客のしわざだ。驚くなかれ、「鶏の鳴きまね（鶏鳴）の名人」なるものが、末席にいたのである。かつて孟嘗君がこそ泥と鳴きまねを迎えたとき、同列になるのを恥じた食客たちも、この一件ですっかり納得したという。

冒頭の清少納言の歌の意味。

「まだ夜の深いうち、鶏の鳴きまねをしてみたところで、函谷関ならともかく、逢坂の関は通してもらえないでしょう。それと同じように、甘いそらごとで誘いかけるあなた（藤原行成）にわたしが逢うことも、決してありますまい」

長鋏よ帰らんか

―待遇に不平をもらすこと。「弾鋏」ともいう。『史記』孟嘗君列伝・『戦国策』斉策より―

斉に戻った孟嘗君は、湣王（↓隗より始めよ）の宰相となった。そこへやってきたのが、馮驩という男。何ができるか尋ねても、何もできないという。孟嘗君は笑って受け入れたが、こんな食客が厚遇されるはずもない。待遇は最下等とされた。

馮驩は柱に寄りかかり、剣を叩きながら歌う。

「長い刀よ帰ろうよ（長鋏よ帰らんか）、食うに魚もないんじゃね」

このことを聞いた孟嘗君は、彼を魚つきの待遇に引き上げさせた。ところがまた歌う。

「長い刀よ帰ろうよ、出るに車もないんじゃね」

周囲も苦笑して言上する。仕方がない、最高の待遇にしてやると、今度はこうきた。

「長い刀よ帰ろうよ、家を成せそうもないんじゃね」

さすがに厚かましいと、これにはみな怒り出す。孟嘗君が問えば、故郷（くに）に老母があるという。そこで人をつかわし、母の暮らしむきを調えてやったところ、馮驩はようやく歌わなくなった。

このころ孟嘗君は、三千人にもふくれあがった食客を養うため、領民から年貢のほかに銭を出させようとした。しかし支払いは一年以上とどこおり、利息さえも回収できず、いよいよ食客への支給が危ぶまれる事態となる。そこで取り立て役に指名されたのが、ごくつぶしの馮驩だった。手形の割符が車に積まれ、出発のしたくができると、馮驩は尋ねた。

「取り立てが済みましたら、何を買って参りましょうか」

「わが家に少ししかないものをお願いします」

かくして領地に到着した馮驩は、借金のある者を呼び集めさせた。全員の割符の照合が完了し、さあ催促かと思いきや、支払いを免除して、割符をことごとく焼きすててしまった。民の喜ぶまいことか、万歳を唱えて孟嘗君をたたえた。

翌朝、馮驩が帰着する。手こずるはずの仕事だ、なぜこんなに帰りが早いのか。不審に思った孟嘗君が「何を買ってきたのですか」と訊くと、馮驩はぬけぬけと、

「あなたさまはわずかな領地の民も大切にせず、銭だの利息だのと仰せられる。そこではばかりながら、貸しを全部帳消しにしてやり、あなたさまのために義を買って参りました。わが家に少ししかないものを、との仰せでしたので」

こう出られては返す言葉もない。孟嘗君はかろうじて、

「お疲れでしょう、休んでください」

とだけ言ったという。

孟嘗君ははじめ手を焼いたようだが、馮驩のその後は立派なものだ。名声ゆえに湣王に疎まれた孟嘗君が宰相の地位を追われ、食客がちりぢりになる中、馮驩は孟嘗君のもとを去らなかった。孟嘗君が湣王に命を狙われたとき、魏に亡命して助かったのも、馮驩の根回しのおかげだったと『戦国策』

は述べる。かようにに義を知る人であったればこそ、義を買えたのだと言うべきだろう。

鄂君啓節のうちの一枚。竹をかたどった青銅製の割符で、楚の懐王（→汨羅に死す）が鄂（湖北省鄂州）の領主に与えた通行証の一種。遠距離間の往来や商取引がさかんになった戦国時代には、人や物の素性を確かめたり、取り決めごとを相互確認したりするために、用途に応じてさまざまな割符がつくられた。安徽博物院蔵。

漁父の利

―双方が争っているあいだに、第三者が利益をさらうこと。『戦国策』燕策より―

蘇秦(そしん)(↓鶏口牛後)の事績には謎が多い。といっても、資料がなくてわからない、というのではない。むしろ記録がありすぎて、相互の年代が合わず、すべてを信用すると話がおかしくなるのである。この問題は、長いあいだ歴史家を悩ませてきた。

史書の記載に混乱が生じた原因のひとつとして、蘇秦の弟・蘇代(そだい)も卓越した弁舌の士であったことがある。二人の名前がとり違えられたのだ。しかも、彼らにはさらに弟がいて、これも遊説者(ゆうぜいしゃ)であったというからややこしい。その蘇代に仮託(かたく)された逸話の中で、もっとも知られたものが、『戦国策』にみえる「漁父(ぎょふ)の利」だろう。

秦(しん)と並んで威勢を誇った斉(せい)は、燕(えん)とその同盟軍に**大敗を喫し**(↓隗より始めよ)、以後は秦のひとり勝ちの形勢となっていく。それと前後して、趙(ちょう)の恵文王(けいぶんおう)(在位 前二九八〜前二六六)が、燕を攻めようとしたことがあった。この動きを止めるため、燕の使者として趙に赴いた蘇代は、恵文王に向かってこう説いた。

「今日こちらへ参りますとき、易水（河北省中部を流れる川）を通りがかりましたところ、蚌（淡水に棲む二枚貝）が口を開け、日にあたっておりました。それを鷸がついばもうとしたので、蚌は口を閉じ、鷸のくちばしをはさみました。鷸が『今日も明日も雨が降らなけりゃ、おまえはひからびて死んじまうぞ』と申しますと、蚌も『今日も明日もおいらが口を開けなけりゃ、死んだ鷸のできあがりだ』と言い返します。そうしてお互い強情を張っておりましたら、両方とも漁師につかまってしまいました。さて、いま趙は燕を討とうとしておられますが、いくさが長引こうものなら、多くの者をそこないましょう。さすればあの秦が漁父（漁師のおやじ）になりはいたしますまいか。何とぞよくお考えのほどを」

当事者が争っているすきに第三者が利益をみな奪ってしまうことを「漁父の利」とか「鷸蚌の争い」などと言うのは、このたとえ話に由来する。これを聞いた恵文王は、燕を攻めるのを思いとどまった。

蘇秦や蘇代が活躍した当時の形勢をみると、秦という漁父を警戒しなければならなかったのは、ただ趙と燕だけではなかったようだ。立場の違いももちろんあろうが、むしろその違いを守るために、一致団結しなければならないときもある。すべて呑みこまれてしまってから、じたばたしても遅かろう。そんな合従の考え方の核心に近いものが、この説話には隠されている。語り手が蘇秦か蘇代かもときには大切だが、そうした問題を越えたところにある時代性そのものにも、目を向けたいものだ。

完璧

完全で、欠点がないさま。本来は、預かり物を完全な状態のまま元の持ち主に返すことをいう。『史記』廉頗藺相如列伝より

中国でとくに珍重されるもののひとつに、玉がある。ダイヤモンドやサファイア、ルビー、エメラルドといった貴石は、硬度が高く透明な輝きをもつが、玉というのはネフライト（ヒスイの一種）に代表される、貴石より軟らかく不透明な石である。しっとりとした輝きは水のそれを連想させ、徳を恵みの水にたとえた中国では、玉が徳ある王者の象徴ともなった。

玉製品は装飾のみならず、儀式用の祭具としても用いられた。よって、その形状にも一定のきまりがある。「璧」は、中央に孔のある平たい円形の玉器のうち、孔の直径が小さいものをいう。中でも春秋戦国時代に存在したとされる「和氏の璧」は、史乗にもっとも名高い璧だ。

趙の恵文王が、その和氏の璧を手に入れた。これを望んだ秦の**昭襄王**（↓鶏鳴狗盗）は、一五の城と交換してほしいともちかける。が、渡しても城は手に入るまい。かといって渡さなければ、またぞろ攻め寄せてくるはずだ。あまりの難題に、対応はおろか、使いに立てる者すら決まらない始末。恵

文王も重臣たちも弱り果てていると、宦官（男性の機能を喪失した、奥向きに仕える者）のかしらが口を開き、藺相如という家来を推薦した。胆力も知恵もあり、見どころのある男だという。そこでまずは、本人の話を聞いてみた。

「秦が城を差し出そうというのに、璧を渡さねば、趙の非となります。趙が璧を渡したのに、城をよこさなければ、秦の非となります。これをはかりにかけるなら、秦に非を負わせる方がましです」

なるほど一理ある。しかもみずから使者に名乗りを上げ、

「城を得られないときは、璧を完う（完璧）して戻って参ります」

と啖呵をきった。こうして藺相如は、秦に向けて旅立っていった。

さて、璧を受け取った昭襄王、女官やら側近やらに見せびらかし、まわりはまわりで万歳など唱えている。とても見込みはなさそうだ。藺相如はずいと進み出て、

「この璧にはきずがございます。どこだかお教えしましょう」

昭襄王もつられて、璧を渡させる。すると藺相如、璧を手にしたまま柱のそばまで退き、怒りをあらわにして言いはなった。

「庶民であってもあざむきあったりはしないもの、大国ならばなおさらだ。趙王さまは礼を尽くしたのに、その見苦しいざまは何たること。だから取り戻してやったまで、強いてと仰せられるなら、わたしの頭もこの璧も、柱で砕いてお目にかけよう！」

文様入りの璧。和氏の璧のその後の行方には諸説あるが、いずれにしても現存していない。これは趙の都であった邯鄲（河北省）市内の戦国時代の墓から出土したもので、なかなかみごとだが、和氏の璧はさらに上だったということなのだろう。邯鄲市文物保護研究所（河北省）蔵。

まさに言葉のとおりにしようとする勢い。昭襄王は詫びを入れ、白々しくも城を渡す算段をはじめた。それだって信用なるものか。藺相如はさんざん秦王を翻弄した挙げ句、璧を渡すことなく趙に戻った。まさに「完璧」な使者ぶりであった。

刎頸の交

——頸をはねられても悔いないような、固く結ばれた交友関係のこと。『史記』廉頗藺相如列伝より——

藺相如の智謀によって和氏の璧を完うした趙だが、所詮は璧ひとつ保っただけのこと、城を得られたわけでも、秦の危機が去ったわけでもない。昭襄王の攻撃はやまず、前二八〇年の侵攻では二万人もの犠牲者が出た。しかも、これを機に友好を深めようと、昭襄王から呼び出しがかかる。要は、挨拶に来いということだ。恵文王はすっかり縮みあがってしまった。それを説き伏せたのが、藺相如と大将軍・廉頗の二人。藺相如に随行されて秦に向かう恵文王を、廉頗はこう言って見送ったという。

「三〇日してお戻りなくば、太子さまを立てて王とし、秦の野望を打ち砕きましょう」

着けば着いたで、趙王を愚弄するための会合だから、秦が礼など尽くそうものか。宴たけなわとなったとき、昭襄王は恵文王に向かって、**瑟（大型の琴）（↓嚢中の錐）**を演奏するよう要求した。逆らえずに恵文王が瑟を弾くと、秦の記録官はこう書いた。

「某年某月某日、秦王は趙王とともに飲み、趙王に瑟を弾かせた」

これに黙っている藺相如ではない。昭襄王の近くに進み出て、缻（陶製の酒入れ。叩いて楽器にもする）を叩いてほしいと願った。秦王が断ると、

「わたくしはわずか五歩の内におります。頸の血を王さまにそそぎましょう」

命のやりとりになるぞ、覚悟はできているか、というのだ。昭襄王はしぶしぶ、缻をひと叩きした。すかさず藺相如、趙の記録官に、

「某年某月某日、秦王は趙王のために缻を撃った」

と書かせる。藺相如はこの調子で一歩も譲らず、しまいまで恵文王に恥をかかせなかった。

帰国すると藺相如はさらに出世し、廉頗の上座を与えられた。これに息巻いたのが廉頗である。

「歴戦の将として武勲を立ててきたわしが、なぜ口先だけで出世した男の下におかれねばならんのだ。奴に会ったら、きっと侮辱してやる」

すると藺相如は、廉頗を徹底的に避けた。公の場は病と称して欠席し、外出の際も廉頗の姿が見えたら隠れる。ふがいないと諌める家臣に、藺相如は言った。

「秦王ですら怒鳴りつけ、その群臣をもやりこめたわしが、どうして廉将軍を恐れよう。秦がいま趙を侵そうとしないのは、二人がそろっておればこそ。国家の危機を第一に考えて、争いを避けておるのだ」

これを伝え聞いた廉頗は、肌脱ぎになって**いばら**の笞(むち)を背負い、藺相如の屋敷の門前にいたって謝罪した。こうして和解した二人は、生死をともにし頸(くび)を刎(は)ねられても悔いない「刎頸(ふんけい)の交(まじわり)」を結んだ。以後、二人が手を携え恵文王を支えているあいだは、さしもの昭襄王も趙に手出しができなかったという。

汨羅に死す

――信じる正義が人に受け入れられず、悲憤して死ぬこと。あるいは、そのような心境。『史記』屈原列伝より――

すてきに美しい五月、すべての木々が芽吹くとき、
わたしの心のうちからも、君恋う想いが萌えいでた。

ハイネ（一七九七〜一八五六）の「美しい五月に*Im wunderschönen Monat Mai*」。あらゆるものが光を取りもどすドイツの春に、若き詩人が胸おどらせるさまが見えるようだ。しかしシューマンは、夢見るようなメロディーに添えて、忍びよる不吉をピアノに奏でさせる。それは『詩人の恋』の悲劇的な結末だけでなく、シューマン自身の運命をも暗示するかのようである。

東アジアで五月といえば、端午（たんご）の節句。中国では、旧暦五月五日の端午節にちまきを食べる。地域によって具材もかたちもいろいろで、それぞれに味わいがあり、目にも舌にも楽しい。が、そんなちまきの蔭にも、悲壮な物語があるのだ。

前四世紀末から前三世紀初頭にかけて、黄河流域の東西では、**斉と秦とが並び立っていた**（↓**鶏鳴狗盗**）。長江中流域にあった楚も、斉と結んで秦に対抗するか、それとも秦と和して東方に活路を見いだすかという、むずかしい選択を迫られるようになっていた。

このころ、楚の王族に屈原という人物がいた。博識で志高く、弁舌に巧みで、時の懐王にも信任されていたが、讒言されて退けられ、悶々と日々を過ごすようになった。こうした中、長江流域への進出を企てた秦は、**張儀**（↓**鶏口牛後**）の陰謀によって楚と斉の同盟を破綻させ、楚を窮地に追い込む。並行して秦は四川を押さえ、その野心はいよいよ明白になった。しまいには、屈原の諫めをきかず秦に赴いた懐王が、抑留され客死する。秦の攻撃はいっそう激しくなり、前二七八年、とうとう秦将・白起によって都を攻め落とされ、陳（河南省）に遷都した。左遷されていた屈原は、国都陥落の報に悲憤し、「懐沙の賦」を遺して、汨羅の淵（湖南省）に身を投げた。五月五日のことであったという。

楚の人々はこれを悼み、毎年五月五日に米を詰めた竹筒を汨羅に投げ入れ、屈原の霊を祀るようになった。そして時は流れ、後漢の**光武帝**（↓**鉄中の錚錚**）のとき、ある人物のところに屈原の霊が現れて告げた。

「いつもわたしを祀ってくれるのは、よい心がけだ。ただ、そなたたちが供えてくれるものは、いつもみな龍に横取りされてしまう。できればセンダンの葉でもって蓋をして、五色の色糸でもってしばってはくれまいか。さすれば龍は寄りつかぬ」

これをきっかけに色糸とセンダンの葉を使ってちまきが作られるようになったと、六世紀はじめごろに編まれた『続斉諧記（ぞくせいかいき）』は伝える。今日の中国のちまきは一般にアシやササ類の葉で包まれているが、そもそももちを植物の葉や竹などで包んで調理する食品は、東南アジア・中国南部から日本列島にかけての広い範囲に分布しており、ところによって用いる葉も多種多様だ。現状だけをみると、各地の素材の違いは土地柄にもとづくように映るが、もと竹筒だけであったものに葉で蓋がされるようになったという物語が示すとおり、同じ場所でも時代の推移にともなって、変化は当然みられたはずである。長い歴史の中では、長江中流域において、センダンの葉が利用されたこともあったのだろう。

こうしたもち文化の広がりが示唆するとおり、ちまきが汨羅で生まれたというのは、もちろん事実ではない。が、身近な事物の起源として語られるほど、屈原が楚の人々に敬愛されていたことも確かである。そして、南方の気風を反映した古い詩もまた、その多くが屈原の作に擬（ぎ）せられて、『楚辞（そじ）』に収められている。

湖南省汨羅の屈子祠(くつしし)。屈原を祀る。もともと汨羅江(べきらこう)のほとりにあったが、清代に少し離れた現在の位置に移された。交通の便は悪いが、屈原を偲(しの)んで訪れる人は少なくない。

滔滔(とうとう)たる孟夏(もうか)　草木(そうもく)莽莽(もうもう)たり
傷(いた)み懐(おも)いて永く哀しみ　汨(いつ)として南土(なんど)を徂(ゆ)く
（「懐沙」）
（夏のはじめは光満ち　木々のこずえも青々と
骨の髄(ずい)までぼろぼろに　ひとりさすらう涯(はて)の地を）

嚢中の錐

―優秀な人物は大勢の中でもすぐに頭角をあらわすということ。『史記』平原君列伝より―

戦国時代末期、強大となった秦の威勢に脅かされた諸国では、生き残りをかけた秘策が尽くされていた。外交戦しかり、人材集めもまたしかり。こうした中、客人を多数招いて活躍した趙の平原君・魏の信陵君・楚の春申君を、彼らにやや先立つ斉の**孟嘗君**（↓鶏鳴狗盗）とあわせて「戦国の四君」と呼ぶ。

平原君は趙の恵文王の弟で、数千人の食客を抱えて兄を補佐した。あるとき、平原君の屋敷の楼閣にのぼった側室が、よろめき歩く脚の悪い男を見下ろして、げらげらと笑った。明くる日、この男は平原君を訪ねて申し出た。

「多くの士が殿の御許に集まって参りますのは、殿が女色よりも士を重んずるからです。ならば、わたくしを笑った者の首を頂戴したく存じます」

平原君は笑顔で請(う)けあったものの、約束を果たさなかった。すると食客がひとりふたりと欠けはじめ、一年あまりで半数以下になってしまった。訝(いぶか)る平原君に門下の者が答えて言うには、

「殿は、脚の悪い男を笑った女を始末なさいませんでした。それで殿は士より女を大切にするお方だと思い、みな去ったのです」

そこでようやく平原君は側室の頸(くび)を刎(は)ね、みずから男の家を訪ねると、その首を差し出して詫びた。このことがあってから、再び食客が集まってくるようになった。

やがて恵文王は世を去り、藺相如も重い病に伏せった。趙への侵攻を再開した秦軍が来襲すると、廉頗がこれをよく防いだが、秦の計略によって更迭(こうてつ)された。廉頗にかわった趙括(ちょうかつ)は、白起に壊滅的な大敗を喫する。ほどなく都の邯鄲が包囲されて、滅亡の危機が目前に迫る中、平原君が楚に援軍を求めに行くことになった。

しくじれば趙は確実に滅ぶ。何としても成功させなければならぬ。平原君は食客の中から知勇兼備の者を二〇人選ぼうとしたが、最後のひとりがどうしても見つからない。そこで名乗り出てきたのが、毛遂(もうすい)という人物。平原君には覚えがない。聞けば、ここに来て三年にもなるという。平原君は言った。

「有能な人物は、嚢(ふくろ)の中の錐(きり)のように、とがった先端がたちまちあらわれるものです。しかし先生はわたしのもとに三年もおられるというのに、お名前を聞いたことがない。ご同行いただくには及びません」

すると毛遂、

「ですからいま、嚢に入れていただきたいのです。かねてよりそうしていただいておれば、先端どころか、とうに穎脱(えいだつ)（穂先全部が抜け出すこと）していたことでしょう」

このやり取りから、すぐれた人材が頭角をあらわすことを「嚢中(のうちゅう)の錐」と言うようになった。また「穎脱」という表現は、きわだって優秀であることのたとえとして、今日でも用いられる。

かくして一行に加えられた毛遂、その活躍やいかに。

合奏の場面を描いた漢代の俑。楽器の部分は失われ、陶製だった人物と瑟の本体だけが残った。趙王が廉頗と趙括を交替させたとき、藺相如は「名将の子だからと趙括を用いるのは、琴柱(ことじ)（琴の部品で、動かして調律する）を膠(にかわ)で固定して瑟を奏でるようなものです」と反対した。融通のきかないことをいう「琴柱に膠す」の語源である。徐州博物館蔵。

人に因って事を成す

――他人の力によって仕事を成し遂げること。何でも人任せで役に立たないさま。『史記』平原君列伝より――

平原君に随行するほかの一九人は、みな腹の中で毛遂をあざ笑っていた。ところが楚に着くころになって、お互い議論してみた結果、毛遂の力をすっかり認めるにいたった。

さあ、いよいよ楚王との交渉だ。日の出からはじまり、太陽が南にかかったが、どうにも決しない。一九人は毛遂に、堂上にのぼって談判に加わるよう促した。毛遂は剣に手を添えながら階段をかけ上がると、平原君に言った。

「合従の利害など、くどくどと論ずることではありますまい。こんなにかかって、なぜ決まらないのです」

見とがめた楚王は、相手が平原君の家来にすぎないと知ると、怒鳴りつけて言った。

「下がらぬか、わしはきさまのあるじと話をしているのだ！」

すると毛遂、剣にかけた手はそのままに、楚王の方へと歩み寄る。

「その威勢のよいお声は、楚国の人の多さを恃(たの)んでのこととお見受けいたします。ですがいま、王さまとわたくしのあいだはわずか一〇歩ほど、お命はわが手中にございます。にもかかわらず、わがあるじの御前で、よくもまあそのような大声が出せたものですな。わずかな領地しかもたぬ殷の湯王(とうおう)（殷の初代の王）や周の**文王**（↓暴を以て暴に易う）が諸侯をしたがえることができたのは、数を恃んでのことではなく、よく勢いに乗ったからと聞き及びます。しかして今日、楚の強大さには並ぶものがないのに、白起ごとき小僧に都を落とされ、**祖先の陵墓や廟所(びょうしょ)も壊される始末**（↓汨羅に死す）。この百世の恨み、他人の趙ですら恥とするところ。王さまは秦を憎むことをご存じないのですか。この合従は楚のためのもの、趙のためではございませんぞ！」

楚王の返事の情けないこと。

「ええ、ええ、まことに仰せごもっとも。先生のお言葉にしたがいましょう」

毛遂は楚王のそばの者にしたくをさせ、いけにえの血をすすって、盟約の儀式を執りおこなった。そして堂下の一九人に言うよう、

「君たちは堂の下で血をすするがいい。『人に因って事を成す』とは、君たちのような役立たずを言うんだな」

紀南城の城壁跡から城内方向を望む。紀南城は秦の白起によって陥落せしめられた楚の都で、荊州の北西郊外に位置する。附近には孟嘉が帽子を飛ばされた龍山（→月下独酌）がある。

つまり「人の褌で相撲をとる」意。こうして毛遂は、みずからが錐であったことを、はっきりと示してみせたのだった。

平原君が邯鄲に帰り着くと、城内の食糧は尽き、民は子を交換して食べるありさま。降伏は目前となっていた。平原君は私財をなげうって民に分け与え、決死隊を編制して、包囲の軍勢に戦いを挑んだ。秦軍のひるんだところへ、春申君の率いる楚の軍勢と信陵君の魏軍が駆けつけ、秦軍は撤退した。しかしこのとき、邯鄲の城内では、また別の事件が起きていたのである。

奇貨居くべし

――珍しいもの（奇貨）はあとで役立つから、手に入れておくのがよいということ。転じて、利益を得られる貴重なチャンスだ、という意味にも使う。『史記』呂不韋列伝より――

話は数年前にさかのぼる。秦から趙に、子楚という人質が預けられていた。昭襄王（↓鶏鳴狗盗・完璧）の太子・安国君の息子である。安国君には二〇人以上の子がおり、しかも子楚の生母はすでに寵愛を失っていたから、秦にとって彼の存在は大した意味をもたなかった。手持ちの金も不充分で、日々の暮らしにもこと欠く始末。秦は人質に構わず趙を攻撃し、趙も子楚を冷遇した。

そんなある日、呂不韋という大商人が、取引のため邯鄲にやってきた。たまたま子楚を見かけて言うには、

「こいつは掘り出し物だ、手許においておこう（奇貨居くべし）」

チャンスを逃してはならない、というわけだ。さすがはやり手の商人、利にさとい。

呂不韋の援助の申し出に、はじめは笑って取り合わなかった子楚だったが、その狙いを見抜くや、奥に招き入れる。

「秦王さまはご高齢におわします。お世継ぎの安国君とそのご正室・華陽（かよう）夫人とのあいだには、お子がないとか。つまり、どなたを安国君のご世子となさるかは、すべて華陽夫人の胸三寸にかかっているわけです。わたくしめが千金をもってお二方に取り入りますれば、あるいは……」

こうもちかけた呂不韋に子楚は、

「事が成ったあかつきには、二人で秦の国を分かち合いましょう」

と応じる。そこで呂不韋は秦に赴き、財力と弁舌によって、子楚を安国君の跡取りとして認めさせた。

そののちのこと。呂不韋が子楚と酒席をともにした折、子楚が呂不韋の愛妾を気に入って、譲ってほしいと申し出てきた。さすがに呂不韋もむっとしたが、ここでけんか別れしてしまっては、何もかも水の泡だ。考えなおし、子楚に差し出すことにした。彼女が子を宿していることを隠しておいたのは、ひそかな抵抗だったのかもしれない。子楚が真相を知らぬまま生まれた子は、政（せい）と名づけられた。

やがて、邯鄲が秦の軍勢に包囲される。趙は子楚を殺そうとしたが、子楚は呂不韋が用立てた黄金によって役人を買収し、秦の陣に走った。残された政は母とともに身を隠し、やはり難を逃れた。といっても、**城内は人が相食む惨状である**（↓人に因って事を成す）。包囲が継続していれば、どうなったかはわからない。考えようによっては平原君は趙の国とともに、政の命も救ったことになる。

政はそのまま邯鄲で成長した。同じく人質であった燕の太子・**丹**（↓騏驥も老ゆれば駑馬に如かず）と仲良しだったという。そのうちに昭襄王が死に、安国君が即位するに及んで、政ははじめて秦の地を踏んだ。そして、安国君と子楚がつづけて世を去った結果、政は呂不韋に後見されて、若くして秦王となったのだった。

戦国時代の青銅貨幣。刃物をかたどった刀銭、農具をかたどった布銭（「布」は平たい意）など、さまざまな形状のものがあった。国や地域ごとにかたちが違っても、地金の重さを量れば換算できるから、仕送りなどにも支障はなかった。もっとも、遠距離の移動に際しては、金や布など、小さい体積でより高い価値をもつ品が優先的に用いられたと思われる。遼寧省博物館（瀋陽）蔵。

守株

―古いやり方にしがみついて、時流に対応できないこと。『韓非子』五蠹より―

待ちぼうけ、待ちぼうけ。
ある日、せっせと、野良かせぎ、
そこへ兎が飛んで出て、
ころり、ころげた、
木の根っこ。

山田耕筰の曲で有名な、北原白秋の「待ちぼうけ」。歌詞の内容は、前三世紀後半の思想家・韓非が著した『韓非子』にみえる寓話の翻案である。

舞台は宋（河南省）の国。とある農夫の畑に、切り株があった。ある日、走ってきたウサギが切り株にぶつかり、首を折って死んだ。それからというもの、農夫は畑を耕さずに切り株を守り、ウサギがとれるのを心待ちにしていたが、うまい話はそう何度もあるはずがない。農夫は国じゅうの笑いものになった。

話の筋はまったく同じ。これを白秋は、「もとは涼しい黍畑、いまは荒野の箒草。寒い北風、木の根っこ」と結ぶ。「楽して稼ぐな」、逆にすれば「汗して働け」というのだから、一九二〇年代にふさわしい内容ではある。が、努力すれば自然のなりゆきとして、あるいは天の佑けとして、見合っただけの結果が得られると考える楽天主義・精神主義は、韓非に代表される法家（↓騏驥の馳せて隙を過ぐるがごとし）のドライな世界観とは相容れない。『韓非子』ではこうだ。

「昔は昔、今は今。世のありようはまるで違う。昔はそれで治まったからと、いにしえの聖人のやり方をいまの時代にもち込もうとする手合いは、みな守株の類である」

「守株」のような時勢をわきまえず融通がきかない態度ではもう通用しない、というのである。では、どうすればよいのか。聖人の言葉はわかりにくく、道徳心は身につけがたい。それよりも、わかりやすい法（おきて）を定めよう。恩賞は重く、刑罰は厳しくすれば、法はきっと守られる。君主も私情に流されず、何が重要で何が重要でないかを見きわめて法を定め、その力を利用して臣下をコントロールすればよい。そうすれば、人の心は国にとって重要なものへと傾き、国は豊かに、兵は強くなる。これこそ人口が増え複雑になった時代にふさわしい政治手法なのだ、と韓非はいう。

ところで、この説話の舞台は、宋の地に設定されている。殷（いん）の遺民の国であった宋の人々は、プライドが高かったらしく、『漢書（かんじょ）』は「先王の遺風があ」りながらも「偏狭で自分勝手」だと評している。そんな見られ方をしていたせいか、当時は変わり者というと、宋がもち出される傾向があった。

『孟子』（↓五十歩百歩・革命）にはこんな話もみえる。

ある宋の人、苗が伸びないからと、一本ずつ引っぱってまわった。疲れ果てて帰り、

「今日は苗が伸びるのを助けてやったので、くたびれたわい」

とこぼしているのを聞いた息子が、あわてて畑に行ってみると、抜かれた苗はみな枯れていたという。このエピソードから生まれた成語「助長」は、もともと「助けるつもりで無理強いをして、かえってだめにする」意味であった。

戦国時代の斧。刃先以外は復元されたもの。戦国時代には木製の工具や農具に鉄製の刃をはめたものが用いられるようになり、各地で農地の開墾が進んだ。原宗子（もとこ）『環境から解く古代中国』（大修館書店）によると、ウサギやそれを追う大型獣の棲む森林が急速に切りひらかれていた戦国時代の黄河中流域だからこそ、「守株」の物語が生まれたのだという。つまり、舞台が宋に設定された背景には、宋の人に対する偏見だけでなく、時代の影響もあったのである。荊州博物館蔵。

矛盾

―前後で言うことがくいちがって、話の筋道が通らないこと。『韓非子』難一より―

むかし楚の国に、盾と矛を売る者があった。その売り口上はこうだ。

「この盾の堅いこと、どんなものだって通さない。こっちの鋭い矛は、どんなものでも突き通す」

何だか話がおかしい。聞いていた客もそう思ったのだろう。

「じゃあ、その矛でその盾を突いたら、どんな具合になるかね?」

この盾と矛のように、権勢と賢人も両立しないと『韓非子』は説く。

「めったにあらわれない賢人の出現に期待して、君主の権勢と法の力による政治を否定していては、世の中はごくたまにしか治まらないことになる。ほとんどの君主は凡人なのだから、その権勢をもって法をしっかり運用すれば、よほどまれな暴君の時代は別として、たいがいの世は治まるはずだ。賢人に期待するのは間違っている」

なるほど、聖人君子を待っていても、「待ちぼうけ」を食わされるだけだというわけか。

韓非は吃音のために、人と話すことが得意でなかったものの、いったん筆の力を借りれば、まさに一流の弁舌家であった。たとえ話の巧みな書物はほかにもあるが、論理の明快さや迫力は、他の追随を許さない。韓非の寓話としては、「説難（説得の難しさについて）」と題した篇にみえる「逆鱗」も有名だ。

「龍というのはおとなしい生き物で、馴らしてその背に乗ることもできる。しかし、喉の下には逆さ鱗があり、触れる者があれば必ず殺す。君主にもこの逆鱗があって、説得する者としては、これに触れずにすませられれば合格だ」

韓の王族であった韓非は、秦王政が韓を攻撃した際、使者として秦に向かった。ところが秦の大臣は、韓非の才能を妬む、同じ**荀子**（↓濫觴）門下の李斯だった。韓非の著作に感激し、この人に会えれば死んでもよいとまで言っていた政だったが、李斯らに動かされ、結局は韓非を死に追いやってしまう。のちに司馬遷はこう書いている。

「韓非は説得の困難さというものの本質を見抜き、行きとどいた説難篇まで書いたのに、自身は逃れられず命を落とした。わたしはそのことを悲しむのである」

こののち数年で、韓は滅んだ。これを手はじめとして、政はつぎつぎに諸国を攻め立てていくことになる。

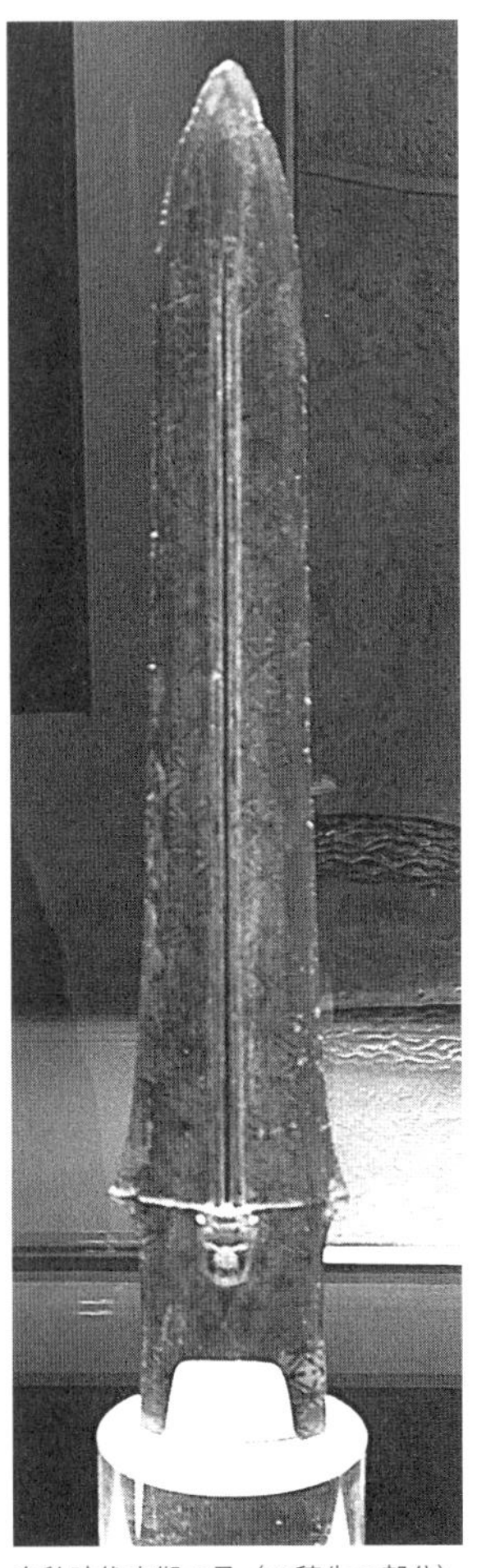

春秋時代末期の矛（の穂先の部分）。**呉王夫差**（→臥薪嘗胆）の名を付して、荊州で随葬されたもの。「矛盾」は日中で用い方が異なる成語のひとつで、現代中国語では本来の意味のほかに「対立」の意で使うことも多い。湖北省博物館（武漢）蔵。

騏驥も老ゆれば駑馬に如かず

―すぐれた人物も年をとると普通の人に及ばなくなるということ。『史記』荊軻列伝より―

秦王となった政のもとへ、燕から人質として送られてきたのは、幼なじみの丹（↓奇貨居くべし）であった。大国の王と小国の太子では、所詮身分が違う。とはいえ邯鄲でともに遊んだ仲、多少なりともよくしてもらえることを期待したとしても、無理からぬところではある。ところが政は、丹を冷たくあしらった。不満を抱いた丹が帰国を申し出ると、政はこう返したという。

「烏の頭が白くなり、馬に角が生えたらば、帰ってもよいぞ」

丹はこの仕打ちを深く恨み、とうとう秦から逃亡した。燕に帰り着くや、秦王に報いるため刺客を募ったが、いかんせん燕は小国、ことは思うように進まない。そうこうするうち、東方への進出を加速させた秦が、いよいよ北辺の燕にまで迫る勢いとなった。燕王も大臣たちも震えあがる。丹の態度が秦王の「逆鱗」に触れれば、燕を攻撃する口実となりかねない。その危険を指摘されても、丹は思いを捨てきれずにいた。

とそこへ、秦から樊於期という将軍が逃亡してきた。これを丹は受け入れる。今度も諫めを聞かない丹に、臣下は田光という人物を推薦した。膝を屈する丹に田光は告げる。

「一日に千里を走る**騏驥**（↓騏驥の馳せて隙を過ぐるがごとし）も、年とれば駑馬（のろい馬）に先んじられると申します。わたくしはもう衰えてしまいました。されど荊軻という男なら、お役に立つでしょう」

この故事をふまえて、日本では「騏驎も老ゆれば駑馬に如かず」などと言う。優秀な人も老いれば凡人以下になる意である。が、実はこれは世阿弥の『風姿花伝』にみえる表現で、中国の古典にそのままの言い回しはないし、しかも由来である『史記』や『戦国策』は、いずれも「騏驎」ではなく「騏驥」としている。もっとも、意味はどのみち同じだから、このようなことはさしたる問題ではない。

さて、丹から荊軻への取り次ぎを依頼されて、田光はすぐさま席を立った。それを門まで見送って、

「われらの話し合ったことは国家の大事、他言無用に願います」

と言う太子に、田光はうつむいて笑い、「わかりました」とだけ答えた。そして曲がった腰で荊軻のもとまで行き、

「太子さまから大事なお話があったので、きみを推薦しておいた。また、このこと他言無用とも承ったが、他人に疑われるようでは、義侠の士とは言えぬ。どうかすぐに行って、心配ご無用と伝えてほしい」

と、自刎して果てたのだった。

こうして、戦国最後にして最大の復讐劇が、幕を開けたのである。

壮士一たび去って復た還らず

勇者の旅に帰路はない。大きな仕事を成し遂げるため、死を覚悟して出発する悲壮な胸のうちをあらわす言葉。『史記』荊軻列伝より

丹は荊軻を引見すると、秦王を脅迫して諸侯から奪った土地を返させてほしい、叶わなければ殺害を、と懇請した。が、土地の返還など、実現しようはずがない。要は、秦王と刺し違えてこいというのである。荊軻は承知したものの、なかなか行動を起こそうとしない。そのうちにも秦は趙の地を奪い取り、ついに燕の国境まで攻め寄せてきた。あわてる太子に荊軻は言う。

「手ぶらで行っても、秦王は会ってはくれますまい。莫大な賞金のかかった樊於期将軍の首と、燕の地図とをいただきたい。さすれば機会を得られましょう」

ところが太子は、頼ってきた者を殺すことはできないと、申し出を断った。そこで荊軻は樊於期のもとに赴き、直談判に及んだ。樊於期は、秦王への復讐は自分の宿願でもあると、迷わず自身の頸を

刎ねた。

凶器にはとっておきの匕首（短剣）が用意され、猛毒までほどこされた。いよいよ準備は調ったが、それでも荊軻は動かない。一緒に大事をおこなうに足る、信頼できる友人の到着を待っていたのである。しびれを切らした太子の要求で、燕で鳴らしていた乱暴者の秦舞陽を友人の代理に立て、ついに荊軻は出発することになった。

見送りの人々は、葬式の格好をして、国境の**易水**（↓漁父の利）のほとりまでついてきた。親友・高漸離の奏でる筑（弦を竹棒で叩いて奏でる打楽器）に合わせ、荊軻が歌う。

風蕭蕭として易水寒し　壮士一たび去って復た還らず

そしてそのままふり返ることなく、帰らぬ旅に旅立っていった。

秦の都・咸陽（陝西省）に到着した荊軻は、秦王に謁見した。燕の降伏の使者という名目である。荊軻が樊於期の首の入った箱を、秦舞陽が地図の箱をささげ持って、王のもとに上る陛へと進む。陛の下まで来たとき、秦舞陽は青くなって震え出した。荊軻はそれをかえりみて笑うと、

「田舎者にて、天子さまを恐れておるのです。ご容赦のほどを」

とごまかした。かくして二人は、王の前へやってきた。秦王は荊軻に命じる。

「舞陽の持ちきたった地図を見せよ」

荊軻は地図を箱から取り出すと、王に差し出した。王が結びを解き、巻物をひろげ、地図が開ききったそのとき、匕首があらわれた。いまだ！

荊軻が匕首をつかむ。左手で袖をとらえ、右手でひと刺し。かわされた。袖がちぎれる。王は剣をとる。しかし抜けない。荊軻が追う。柱をまわって逃げる王。侍医が薬ぶくろを投げた。左右は「背負えば抜けます」と叫ぶ。剣が抜かれた。斬られる荊軻。投げられた匕首は、柱にあたる……。

ことは終わった。荊軻は殺され、燕は滅んだ。諸国をすべて倒した秦王政は、みずからをこう呼ばせた。

「始皇帝」

第三章

楚漢篇

西暦	出来事
前219	始皇帝，泰山で封禅を挙行。東方の海で仙薬を探すよう命じる
前215	秦の蒙恬，匈奴を破り，オルドスを制圧。万里の長城を造営
前210	始皇帝，東方巡幸中に没する。胡亥，二世皇帝として即位
前209	陳勝・呉広の乱起こる。項梁と項羽が会稽で，劉邦が沛で挙兵。匈奴で冒頓単于即位
前208	項梁・項羽と劉邦が連合。項羽が懐王を擁立。項梁戦死
前207	趙高，二世皇帝を暗殺。秦王嬰即位
前206	秦王嬰，関中に入った劉邦に降伏。項羽と劉邦，鴻門で会合。懐王，義帝となる。韓信，劉邦の配下に。劉邦，漢中で挙兵
前205	項羽，義帝を殺害。劉邦，彭城を占拠するが，項羽の反撃で敗走
前204	韓信，趙を破る(井陘の戦い)。劉邦、韓信を斉王とする
前202	劉邦，項羽を破る(垓下の戦い)。項羽，烏江で敗死。劉邦，諸王に推戴されて皇帝となる

楚漢抗争期の中国

鹿を指して馬と為す

わざと間違ったことを言って人を欺いたり、陥れたりすること。または、誤りを押し通すこと。『史記』秦始皇本紀より

天下を統一した秦の始皇帝（皇帝在位 前二二一～前二一〇）は、不老不死を求めた。東の海の彼方に住むという仙人にあこがれ、四度にわたる東方地域の巡幸（皇帝が各地を旅すること）では、毎回海を訪れている。臣下に仙境を尋ね不死の薬を探すことを命じ、さらには皇帝の自称を「真人（水にも火にもおかされず、雲に昇り天地と寿命を同じくする超人）」に改めた。しかし彼も結局は人の子であり、四回目の東方巡幸の途上、旅先で死んだ。長子の扶蘇に宛てた遺言書は、李斯と宦官の趙高によって握りつぶされ、末子の胡亥が二世皇帝の位についた。

趙高は趙の王族の出身だと考えられている。胡亥は趙高の言いなりで、勧められるまま、兄弟たちを根こそぎ抹殺してしまった。ほどなくして、征服地であった東方では秦への不満が爆発し、民がつぎつぎに蜂起する。しかし肝心の皇帝がこのありさまでは、とても手の打ちようがない。これではいけないと、重臣たちは危機感を募らせはじめた。いよいよ反乱軍が都に迫りくる中、立場が危うくな

った趙高は、ついに謀反をくわだてた。ただ、どれだけ味方を得られるかはわからない。ならばと趙高は一計を案じ、胡亥に鹿を献上してこう言った。

「馬でございます」

胡亥ならずとも、これには笑うだろう。

「おかしいぞ、鹿のことを馬だ（鹿を謂いて馬と為す）とは。皆の者、そうであろう」

ところが、ある者は黙して答えず、ある者は馬だという。もちろん節を曲げず、皇帝に与した硬骨漢がいなかったわけではない。そこが趙高のつけ目だった。鹿が鹿に見えた連中は、趙高によって皆殺しにされてしまう。群臣は恐れおののき、趙高に逆らう者はいなくなった。

人をだますため、あるいは弁解のために、わざと是非をさかさまにすることを「鹿を指して馬と為す」と言うのは、この故事に由来する。無知を意味する「ばか」を「馬鹿」と書くのはこのためだ、ともいう。相手をまるめ込もうと論理をもてあそぶ詭弁どころか、権力をかさにきた単なる強弁だから、なおさらたちが悪い。が、それが通ってしまうのは、同調する「馬鹿」がいればこそ。そういえば、人は大義にではなく権勢にしたがうものだと説いたのは、あの**韓非**（↓守株）だった。
まもなく胡亥は、趙高に追いつめられて自殺した。ここに及んで趙高は、

「もはや秦に皇帝を名乗る資格はない。もとのように王と称するがよい」

と宣言した。清代の大学者・趙翼によると、趙高は祖国を滅ぼされた恨みからすすんで宦官となり、秦の朝廷にもぐり込んだのであって、かの**句践**（↓臥薪嘗胆）にも比すべき存在なのだとか。もしそれが事実だとすれば、何たる復讐心よ。

胡亥にかわって立った秦王・子嬰は、趙高を殺し、都近くへ攻めきたった**劉邦**（↓大逆無道）に降伏した。これによって、秦はついに滅亡した。鹿を鹿と言えなくなったような国は、所詮長持ちしないわけか。くわばらくわばら。

鴻鵠の志

――人並みでない大きな志のこと。『史記』陳渉世家より――

二〇〇九年に新たに世に出た漢代の書物『趙正書』には、『史記』と異なる胡亥の姿が記されている。それによれば、胡亥を後継と定めたのは始皇帝であり、胡亥は李斯や子嬰の諫めをきかずに大規模な改革を断行しようとして、結局趙高に殺されたのだという。『史記』と『趙正書』のいずれが正しいのか、あるいはいずれも虚構に過ぎないのかは、もはや知るべくもない。

はっきりしているのは、胡亥が即位した当時、東方には秦の支配に不満を抱く人々が少なからずいたことである。秦の法律が厳しかったためだと説明されることが多いが、問題の本質は、むしろ制度の設計や運用の方にあったらしい。比較的均質な社会からなる狭い国で定めた法を、多様な自然環境のもとでそれぞれの生活を営んでいる広大な征服地の人々にいきなり適用したのだから、うまくいくはずがない。さらによくなかったのは、国土のスケールが大幅に拡大したことを考慮しなかったため、労役や兵役に従事する民の移動距離が著しく長くなったことである。こうした実情を考慮しない制度づくりは、それこそ法家がもっとも戒めたところで、だから胡亥が政治の一新にこだわったとする

『趙正書』の所伝からは、ひょっとすると胡亥の進もうとした方向こそが正しかったのではないか、とも思えるのである。ただ、仮にそうであったとしても、胡亥はあらわれるのが遅すぎた。

胡亥が即位した翌年の夏、大沢郷（安徽省宿州）において、折からの長雨により、九百人が足止めされていた。現在の河南省東部で徴発され、辺境の守りにつくため、はるか北の漁陽（現在の北京）に向かっていた一団である。「沢（湿地）」という地名のとおり、あたりは足下が悪く、移動に手間取るうち、到着の期限に遅れることがいよいよ確実となった。法の定めでは、全員斬罪である。

その中のひとりに、陳勝という者がいた。若いときから野心家で、かつて人に使われて野良仕事をしているとき、富貴になってもお互い忘れまいぞ、と仲間に語りかけた。雇われ農夫が何の富貴かと笑った相手に、陳勝はため息をついて嘆くよう、

「ああ、ツバメやスズメなんぞにハクチョウの志はわからないものだ（燕雀いずくんぞ鴻鵠の志を知らんや）」

スケールの大きな望みを「鴻鵠の志」と言うのは、このことによる。

こうした陳勝の野心は、身分など何するものぞ、実力こそがすべてだ、との信念と表裏一体であったらしい。陳勝は仲間の呉広と語らった。

「聞くところでは、二世皇帝は末っ子で、もともと跡継ぎは扶蘇だったそうだ。扶蘇の立派さはみな知っているが、二世が扶蘇を始末してしまったことはまだ知られていない。また楚の民衆は将軍・項燕（秦の侵略に最後まで抵抗した楚の名将）を慕っているものの、やはり生死がわからない。これを利用しよう」

大沢郷の陳勝呉広起義遺址。陳勝・呉広の乱は中国史上初の農民反乱といわれ、社会主義国である中国では高い評価を受けている。手前に見えるのは陳勝と呉広を描いた巨大なレリーフ。

そして引率の役人を殺害し、人々をけしかけた。

「期日に遅れればみな死罪だ。たとえ斬られずとも、辺境の守りは、どのみち半分以上が生きて帰れぬつとめ。同じ死ぬのであれば、名をあげてこそ壮士というもの。王侯や将軍・大臣となるのに、血筋などいるものか（王侯将相、いずくんぞ種あらんや）！」

かくて両名は扶蘇・項燕の名をかたり、楚の復興を掲げて、進撃をはじめたのである。

大逆無道

―大義に逆らい道理を無視すること。『史記』項羽本紀・高祖本紀より―

人倫にそむき道理を無視したふるまいを指していう。他人に貼るレッテルだから、「人倫」「道理」の内容は、ときに好きなようにすりかわる。

陳勝・呉広の起こした反乱は、またたく間に拡大した。これに呼応して立ち上がったのが、項羽と**劉邦**（↓鹿を指して馬と為す）。ともに江蘇省北部、すなわち楚の故地の生まれである。

項羽は楚の将軍・項燕の孫。若いとき、書や剣に身が入らない項羽を、叔父の項梁が叱ると、こうやり返した。

「書など人の姓名を記すだけの代物。ひとりを相手にすることしかできない剣術も、学ぶ価値がありません。わたしは万人に立ちむかう術を学びたいのです」

それではと項梁が兵法を教えたところ、項羽はたいへん喜んだという。

一方の劉邦は農民の出で、労働をきらって小役人をしながら、遊蕩にふけって暮らしていた。しかも酒代を払わない。ただ、気前がよく人好きのするたちで、劉邦がくると売り上げが数倍になったため、飲み屋のおかみがつけを帳消しにしてやったのだとか。有り体に言えばやくざ者だが、人の名声を聞きつけて多くの食客が集まる時代、こんな親分肌の性格は、それだけで一目おかれる才能だった。

陳勝はかつて楚が都をおいた陳（河南省）を占領し、王を称したものの、秦都・咸陽の攻略に失敗し、逆に敗走を重ねるようになった。このありさまを見た陳勝配下の秦嘉が、楚の王族にゆかりのある景駒を楚王にかつぎ上げると、項梁は怒って言った。

「最初にことを起こしたのは陳王ではないか。敗れて所在がわからないからと、景駒なぞを王に立てるとは、大逆無道だ！」

項梁の軍団は、これを口実に秦嘉・景駒を打ち破った。やがて陳勝の死が明らかになり、項梁が諸将を糾合する。劉邦も手勢を率いて駆けつけてきた。項梁は楚の**懐王（↓汨羅に死す）**の孫を探し出し、祖父と同じ懐王と名乗らせた。かつて秦で非業の死を遂げた懐王の名は、楚の人々の秦に対する恨みの象徴であったからである。

項梁が戦死したのち、項羽は軍団の実権を握り、軍功をあげて諸将を屈服させた。やがて秦が滅ぶと、懐王をまつり上げて義帝(ぎてい)とし、諸将を王とした上で、みずからは西楚(せいそ)の覇王と称した。咸陽に最初に入った者をその地・関中(かんちゅう)（陝西省中南部。秦の中核地域）の王とするという約束があったが、その履行を求める義帝にそむいて、項羽は劉邦を漢中(かんちゅう)（陝西省南西部）・四川の王とした。

覇王が王たちをたばねて帝に臣従するしくみは、春秋時代の覇者が諸侯をたばねて王に仕えたのと同じである。しかしこのとき、項羽と義帝のあいだには、隙間風が吹いていた。項羽は義帝を南の果ての郴(ちん)（湖南省郴州）に追いやり、**道すがら殺してしまう**（↓背水の陣）。劉邦はこれを利用した。

「義帝はみなで立てたあるじ。ところが項羽はそれを殺した。まさに大逆無道。諸王の力を合わせ、義帝の仇(かたき)を討とう！」

まるで項羽だけが悪人のようだが、実際のところ項梁も項羽も劉邦も、していることの中身はそんなに違うものではない。敗者が悪く言われただけの話である。

こんな言葉は、使っているうち己が「人倫」「道理」に思えてくるから、注意が必要だ。自分の価値観を「世界標準」だとか「正義」だとか言う連中の片棒は、かつがないのがよい。それこそ「大逆無道」ではないか。

国士無双

―国に双ぶ者がないすぐれた人物のこと。『史記』淮陰侯列伝より―

項羽と劉邦に並ぶ英雄に、韓信がいる。故郷は淮陰（江蘇省淮安）なので、項羽や劉邦と同じ地域の出身といってよい。極貧のため食事をたかって歩き、ほうぼうで嫌われていた。そんなふうだから、たちのよくない奴ばらに、からまれたりもしたらしい。

「でかい身長して刀なんぞ下げやがって、ほんとはびびってるんだろう。刺せるもんなら刺してみろ。その度胸がなけりゃ、俺の股をくぐりやがれ」

韓信は相手の顔をじっと見た。そしてその股をくぐり、腹ばいになった。臆病者よと、街じゅうの笑いものになったことは言うまでもない。

その後、項梁の挙兵にしたがった韓信だったが、軽んじられたため逃亡し、劉邦の軍に加わった。

だが劉邦も、その才に気づかない。ただ劉邦の腹心のひとり・蕭何だけは、韓信を見どころのある男と評価していた。

やがて劉邦は漢王となり、領国に赴いた。しかし劉邦の軍団は、いまでいう江蘇省あたりの出身者でできている。それが西の果ての漢中に封建されたのだから、要は体のよい左遷である。王となる劉邦はまだよいが、下っ端たちはたまったものではない。このとき劉邦には、本来の手勢のほか、彼を慕う者が数万人もすすんでしたがったと『史記』高祖本紀は記すが、眉唾ものである。韓信の伝記・淮陰侯列伝によると、続々と逃亡者が出ていたらしく、韓信も逃げ出したうちのひとりだった。宰相となっていた蕭何はあわててその後を追ったが、急ぐあまり、主君の劉邦にすら事情を告げずに出かけてしまった。劉邦は蕭何まで脱走したと勘違いし、大いに怒り、戻ってきた蕭何を詰問した。

「なぜ逃げ出したのだ」

「わたくしが何で逃げましょう。韓信を追っていたのです」

「逃げ出した者はたくさんおるのに、そなたは誰も追わなかった。韓信を追ったなどとは偽りであろう」

「ほかはどうでもよろしゅうございます。しかし韓信は国士無双（一国に二人とおらぬ逸材）です。王さまがこのまま漢中の王で終わられるのであれば、ここに韓信の居場所はありません。しかし天下を望まれますなら、韓信がおらねば話になりません」

麻雀(マージャン)で国士無双を狙うと捨て牌でみえみえになるが、韓信の実力はそれほどわかりやすいものでなかったようだ。蕭何の勧めにしたがって韓信を大将に抜擢した劉邦は、さっそく献策(けんさく)を求めた。と言えば聞こえはよいが、これは口述試験のようなもの。韓信はよどみなく答えた。

「恐れながら、王さまは才覚では項羽には及びません。が、項羽の勇は威勢ばかりで部下に任せることを知らぬ、匹夫(ひっぷ)(庶民の男)の勇です。項羽の仁はうわべだけで部下に分け前をやることを知らぬ、婦人の仁です。王さまは天下の武勇ある者に、任せ、与えるのがよろしゅうございます。さすればことはたやすいでしょう。まずはかねての約束のとおり、関中を押さえられませ」

これで劉邦にも、取り立てるのが遅かったと、ようやくわかったという。

徐州の犬肉料理。項羽や劉邦・韓信の育った江蘇省北部一帯では、古来犬肉食がさかんで、劉邦に仕えた豪傑・樊噲(はんかい)はイヌの屠殺業者であった。韓信に股をくぐらせた屠殺業の「少年」(当時は素行不良な若者を指した)も、やはりイヌを扱っていたであろう。ゆでた新鮮な犬肉は、まったく臭みがなく、こたえられないうまさ。

背水の陣

川を背にして陣取るように、逃げ場のない中で、全力で務めにあたること。または、そうした状況。『史記』淮陰侯列伝より

韓信が看破したとおり、項羽の論功行賞には物惜しみやえこひいきがあったため、不満を抱く者は少なくなかった。義帝をないがしろにした項羽の態度も、悪影響を与えた。リーダーが筋を通さなければ、下の者もそれを真似して、好き放題しだすのは当然だろう。

反乱ののろしは、斉・趙の地から上がった。斉では王になれなかった田栄が自立し、これと結託した陳余が趙の実権を握った。東方が混乱する中、劉邦までもが動き出し、関中を掌握する。項羽はひとまず手近な斉から討つことにし、義帝を暗殺して後顧の憂いを絶ったのち、北上して田栄を倒した。が、斉で暴虐の限りを尽くしたため、民衆の激しい抵抗にあい、そのあいだに劉邦が洛陽に入った。

劉邦は義帝の喪を発して、諸王を味方に引き入れ、斉にいる項羽が田栄の弟・**田横**（↓挽歌）と対峙するのを尻目に、大軍をもって項羽の本拠地・彭城（現在の徐州）に攻め寄せてきた。王の留守を襲われた彭城はひとたまりもなく陥落したものの、連合軍も所詮は烏合の衆。二〇倍以上の戦力差が

ありながら、戻ってきた項羽の精鋭部隊に大敗を喫し、彭城近郊の故郷に家族を残したままだった劉邦は、父や妻（↓恙無し）を人質に取られた。かろうじて息子と娘は救い出せたが、何しろ命がけの逃避行だ。追っ手を恐れた劉邦は、少しでも馬車を軽くしようと、子どもたちをつき落とすこと三たび、そのつど部下の夏侯嬰が拾って助けたという。

　この無残な敗戦で形勢が逆転する中、劉邦のために奮戦したのが韓信だった。項羽に寝返った魏を下し、陳余の勢力圏に侵攻して、やがて井陘（河北省石家荘）の地に到達した。ここは狭い道の続く場所で、縦一列になって進むしかない。もともと韓信の軍は数の上で著しく劣っている。ここで襲われれば一大事だが、陳余にはその気がないと見て取った韓信は、夜のうちに主力を先行させ、川を背に（背水）して陣を構えた。これを見た趙軍は、布陣の初歩もわきまえないのかと、ひどく笑った。しかし、そこには大将の旗印がない。韓信に逃げられては一大事と、趙軍は様子を見ることにした。

　やがて夜が明ける。韓信の本隊がこれ見よがしに幟を掲げ、派手に太鼓を打ち鳴らしながら、井陘から押し出してきた。ここぞとばかりに、趙軍もとりでから姿をあらわす。しばらく戦ったのち、韓信は負けたふりをして、川のほとりの陣へと走った。趙軍はとりでをすっかり空にして、全軍で追撃したが、後ろが川で逃げ場のない韓信軍は、小勢ながら死にものぐるいで奮戦し、容易に打ち破れない。手こずった趙軍が引き上げようと、ふり返って見たそのとき。何と、とりでには漢軍の赤い旗がずらり。さては王も大将もみな漢のとりこになったかと、趙の軍勢はすっかり浮き足立ち、右へ左へと逃げまどう。そこへ、韓信の手勢ととりでからくり出してきた部隊とが、前後から攻めかかる。陳余は殺され、趙王は捕虜となった。わずかな兵しかもたずして、一日もかからぬうちに趙を壊滅せしめたことにより、韓信の名は天下に轟いたのだった。

　このいくさ、「背水の陣」という言葉のインパクトもあり、退路をみずから断って命がけで戦った点ばかりがクローズアップされるが、なりゆきを見ればわかるとおり、それだけでは到底勝ち目はなかった。勝敗を分けたのは、韓信があらかじめ差し向けていた別働隊の活躍である。つまり背水の陣とは、油断した敵にとりでを空にさせ、かつ別働隊が旗を立てる時間を稼ぐための、手段であったに過ぎないのだ。してみると、「背水の陣」を「一か八かの決戦」の意味で使うのは正しいとしても、「死ぬ気になれば何でもできる」とまで拡大解釈するのは、気合いだけですべてが解決できると考える、精神主義者の浅知恵というものだろう。

乾坤一擲

―すべてを賭けた、のるかそるかの大勝負のこと。韓愈「鴻溝を過ぐ」より―

「乾坤」は、易（↓暴を以て暴に易う・一陽来復）の乾卦と坤卦を指す。易占いでは、陰・陽をあらわすしるし「爻」を三つ並べた「卦」を求め、この「卦」を二つ組み合わせたものにもとづいて結果を判断する。全部の爻が陽なのが乾卦、陰なのが坤卦で、そのために「乾坤」は「陰陽」「天地」の意味にもなる。「一擲」はさいころを一回擲つ、すなわちひと振りすることだから、つまりは「天地のすべてを賭けた大ばくち」といったところ。周到に仕組まれていた「背水の陣」はある種のいかさまだが、「乾坤一擲」にはさいの目ひとつにすべてを賭ける切迫感がある。

趙を平定した韓信は、田横の押さえる斉をも奪い取った。これによって項羽は本拠地を背後から脅かされることとなり、形勢はふたたび劉邦に傾いた。和議が成立し、黄河と淮河の支流とを結んでいた運河・鴻溝を境に、東を楚、西を漢とすることに決まった。

項羽が撤兵すると、軍師の張良・陳平が劉邦にささやいた。

「目下、われらが有利です。虎を養って、みずから患を残してはなりません」

劉邦は追撃を決意し、馬首をめぐらした。それから千年ののち、鴻溝に臨んで唐の**韓愈**（七六八〜八二四）（→**推敲**）が詠った「鴻溝を過ぐ」。

龍疲れ虎困しみて川原を割く　億万の蒼生 性命存す
誰か君王に勧めて馬首を回らしむ　真成に一擲 乾坤を賭す
（龍虎は疲れ野山を分かち　民草こぞって命永らう
王よ追えとは誰が言ったか　いざ賽を振れ天下を賭けて）

龍は劉、つまり劉邦。虎はむろん項羽のこと。表向きは純然たる叙事詩だが、そこには韓愈の熱い思いが込められている。

八世紀末、唐朝の栄華は過去のものになりつつあった。いまだ貴族趣味に走り空疎な議論に流れる世の風潮を嘆いた韓愈は、時代に合った自由闊達な表現方法を求めて、質実な漢以前の文体をモデルに掲げた。思想面でも、外来の教えである仏教を離れ、伝統的な儒学に立ち戻ることを主張した。こうした韓愈の姿勢は官僚としての仕事ぶりにもあらわれ、高官の不正を摘発したり、仏教を尊ぶ皇帝を批判したりしたため、政治面では激しい浮き沈みも経験した。いま張良・陳平のごとき名臣がないのなら、俺こそがやってやるぞとばかりに、時流にあらがって「乾坤一擲」の戦いを挑んだ者こそ、韓愈であったと言えるだろう。

漢代のさいころ。「乾坤一擲」は後世の表現だが、さいころは項羽や劉邦の時代にもあった。これは**武帝（→首鼠両端）**の嫂の墓に随葬されたもので、青銅に金・銀・玉があしらわれている。当時の中国のさいころは6面より多く、これは18面体。数字のほか「酒来（酒が来る）」と書かれた目もあって、何だか楽しそうだ。河北博物院（石家荘）蔵。

四面楚歌

――四方をすべて敵に囲まれ、どこにも味方がいない状況のこと。『史記』項羽本紀より――

項羽を追う劉邦だったが、あてにしていた韓信たちの援軍は来ず、逆に項羽に撃退された。斉を手中に収めた韓信は、そこで自立して王となることを望み、劉邦との関係も微妙なものになっていたのである。劉邦は張良の意見にしたがい、分け前をちらつかせて、韓信に出兵を承諾させた。

諸王の支援を得た劉邦は、項羽を垓下（安徽省宿州）に追いつめた。楚軍は長期にわたる遠征に疲れ、兵はわずか、糧食も尽きていた。拠点の彭城まではあと少し。しかし、連合軍にまわりを幾重にも囲まれ、身動きが取れない。

夜になる。四面を覆いつくした敵の軍勢から、歌が聞こえてきた。項羽の治める楚の歌だ。それは劉邦の、そして韓信の故郷の歌でもある。そうか、わが国はすっかり奴らの手に落ちてしまったのか。項羽は床から身を起こすと、側室の虞美人とともに、とばりのうちで酒を飲み出した。そして涙ながらに歌う。

力は山を抜き気は世を蓋う　時に利あらず騅（項羽の愛馬）逝かず
騅逝かざるを奈何すべき　虞や虞や若を奈何せん
（力も意気もまださかん　味方せざるは時と騅
騅よ騅、進め進まぬか　ああ虞よ、おまえを何としよう）

まだ暗いうち、項羽はひそかに逃亡した。明け方になって気づいた漢軍は、すぐに追撃する。項羽は淮河を渡ったが、土地勘がなく、道に迷ってしまった。農夫に道を尋ねたところ、左へ行けという。ところが、これは大湿原に通ずる道だった。だまされたのだ。「四面楚歌」、つまり孤立無援の状況となっても、まだ「力は山を抜き、気は世を蓋う」とうそぶいていた項羽だったが、民にまであざむかれたことは、さすがにこたえたのだろう。漢軍に追いつかれると、供の者たちにこう言った。

「挙兵より八年、戦うこと七〇回余、いまだに負けたことがない。この苦境は、天がわしを滅ぼすのであって、いくさにしくじったからではない。見ていろ」

かくて漢軍に戦いを挑み、大立ちまわりを演じた末、何とまた脱出に成功した。なるほど、いくさの腕前は変わっていない。そしてはるばる、烏江（安徽省馬鞍山）の渡し場までいたった。長江を渡

れば、叔父・項梁とともに兵を挙げた江東（こうとう）の地だ。しかし項羽は、

「かつて一緒に長江を西へ渡った江東の八千人は、もうひとりも残っておらぬ。江東の者らにどう顔向けできるというのだ」

と乗船を拒絶し、馬も捨てた。追っ手の中にいたかつての家来が、項羽の顔を見て叫ぶ。

「いたぞ、項羽だ！」

もうどこにも味方はいない。そうだ、天が滅ぼすのだ。項羽は、

「わしの首には大きな褒美がかかっているとか。それを貴様にくれてやる」

と言いすて、みずから頸（くび）を刎（は）ねて死んだ。紀元前二〇二年、冬一二月のことである。伝えられるところでは、項羽を喪（うしな）った虞美人もまた自害した。地にしたたったその血から生まれたのが、虞美人草（ぐびじんそう）（ヒナゲシ）なのだという。

挽歌

――人の死を悼む歌のこと。西晋・崔豹『古今注』音楽より――

項羽を倒した劉邦は、翌月の紀元前二〇二年正月（当時の年のはじめは一〇月なので、正月になっても年は変わらない）、諸王に推戴されて皇帝を称した。世に言う漢の高祖である。同じ皇帝といっても、秦の皇帝が絶対的な存在であったのに対し、多くの王たちとともに天下を支える盟主であるから、その位置づけはまるで違っている。韓信はこのとき、生まれ故郷の楚の王とされた。

かつて韓信が斉の攻略にかかっていたとき、劉邦は別途酈生を派遣して、斉に帰順をうながしていた。いったん和議が成ったものの、功をあせった韓信が攻め込んできたため、怒った斉王は酈生を煮殺してしまった。斉王が韓信にとらわれると、叔父の**田横**（↓背水の陣）が王となって抗戦したが、敗れて逃亡。やがて逃げた先にもいづらくなり、海上の孤島に引きこもっていた。

さて、韓信が斉王から楚王に移ったことで、斉王の位が空くことになった。ここへきて浮上したのが、田横の処遇の問題である。田横は戦国時代の斉の王族で、人望もある。だいたい田横一族が斉を追われたのは、もとはと言えば韓信のせいではないか。しかし、酈生を殺害した以上、漢の将軍である弟・酈商の手前、黙って許すわけにもいかない。幸い田横本人は、庶民となってこのまま島で過ごしたいと言っているが、放置しておけば災いのもとだ。高祖は、手出しならぬと酈商に釘をさした上で、改めて降伏の使者を派遣した。曰く、許されれば王となれるし、悪くても侯（王に次ぐ地位）にはなれるだろうが、来なければ兵を差し向けるぞと。

このころ漢の都はまだ長安に定まっておらず、高祖は洛陽にいた。田横は二人の食客とともに洛陽の手前までやってきたものの、さすがに心中穏やかではなかったらしい。

「わしもかつては漢王と同じように、斉の王であった。それがいまや、漢王は天子となり、わしは罪人としてそれにひれ伏す立場だ。その恥辱だけでも耐えがたいのに、しかも煮殺した酈生の弟とともに主君に仕えては、たとえ彼がどうこうしなくても、身のおきどころがない。どうせ陛下はわしの顔をひと目ご覧になりたいだけであろう。ここからなら、斬った首を持参しても、顔かたちの崩れぬ距離である」

こう言い遺すと、そのままみずから頸を刎ねた。高祖は首を持参した二人の賓客に地位を与えたが、彼らは田横の葬儀が済むのを見とどけるや、その後を追った。島から呼びだされ洛陽にやってきた五百名の食客たちも、田横が死んだことを知ると、ひとり残らず殉死した。これによって世の人々は、田横一族の人を見る目の確かさを理解したという。

このとき田横を悼んだ門人の作った哀歌が、「薤露」「蒿里」の二章。のち**武帝**（↓首鼠両端）の時代、**李延年**（↓傾城傾国・人生朝露のごとし）によって二曲に分けられ、貴人の葬送には「薤露」が、庶民には「蒿里」が用いられるようになった。柩を挽きつつ歌うことから、これらは「挽歌」と呼ばれた。追悼の歌を「挽歌」と称する由来である。

薤の上の朝露何ぞ晞き易き　露晞くも明朝更に復た滋し
人死して一たび去らば何れの時にか帰らん
（はかなく乾くニラの葉の露　一夜明ければふたたび結ぶ
ああ死したる人いつ帰る）

漱石はアーサー王伝説の悲恋物語を小説化したとき、この歌をふまえて「薤露行」と題した。その漱石が弟子の死に詠んだ「挽歌」。

有る程の菊投げ入れよ棺の中

狡兎良狗

いったん事が成れば、それまで役立ったものも捨てられてしまうこと。『史記』淮陰侯列伝より。『史記』越王句践世家をふまえて「狡兎死して走狗烹らる」ともいう。「亨」「烹」はいずれも「煮る」意

楚王となり、故郷の淮陰（わいいん）を治めることになった韓信（かんしん）は、ひとりの男を呼び出した。若いとき韓信に股をくぐらせた、あいつである。そして居並ぶ将軍・大臣たちに、こう紹介した。

「これは壮士である。かつて辱めを受けたとき、わしは、この男を殺しても名は上がらないと考えた。それでぐっとこらえ、ついに王となったのだ」

男は都の警察長官に取り立てられた。

ただこの話、美談なのかどうか、よくわからないところがある。韓信はいくさのかけひきにこそ長（た）けていたが、時流の読みや人の品定めには、見通しの甘いところがあったらしい。この一件も、恨み

ある相手を用いることで自分を大きく見せようとする、小手先の策であったのではあるまいか。「壮士」というのも、何だか嫌味だ。

その見通しの甘さは、ほどなくして露呈する。これより先、項羽の将軍であった鍾離昧が、旧知の韓信のもとへ身を寄せてきていた。韓信は鍾離昧をかくまったが、そのことを聞きつけた漢王が、捕縛するよう要求してきた。ところが韓信は応じぬまま国入りし、しかも国内の巡察に軍勢を引き連れて歩いたりしたものだから、すぐさま謀反の嫌疑をかけられる。高祖の呼び出しに応じたものか迷う韓信に、鍾離昧を斬れば許されるだろうと入れ知恵する者があり、相談を受けた鍾離昧は、

「漢が楚を討てないのは、わたしがいるからです。もしわたしをとらえて漢に媚びようとなさるなら、わたしは今日にも死にますが、あなたも無事には済みますまいぞ」

と答え、自刎して果てた。韓信はその首を持って高祖のもとへ赴き、あえなく逮捕される。

ここでようやく、韓信は思い出した。斉を手中に収めて自立したとき、「野獣已に尽きて猟狗亨らる（野のけものがすっかりいなくなると、猟犬は煮られる。役立った人物も用済みになれば身が危うい意）」と警告し、だからこそ項羽と劉邦の争いにつけこんで天下を狙えと、強く勧めてくれた賢人のいたことを。なぜあのときそうしなかったか。

「『すばしこいウサギがいなくなれば、よい猟犬も煮殺される。高く飛ぶ鳥がいなくなれば、よい弓もしまわれる。相手の国が滅びてしまえば、謀略の臣も始末される（狡兎死して良狗亨られ、高鳥死して良弓蔵せられ、敵国破れて謀臣亡ぶ）』とか、果たしてそのとおりになった。天下が定まったいま、わしもきっと煮殺されてしまうのだ」

野獣・ウサギと、言い回しこそ異なるが、意味は同じ。「狡兎良狗」というかたちは、韓信の言葉を縮めたものである。

韓信は淮陰侯に格下げされ、以後は漢の都で暮らした。朝廷には顔を出さず、高祖の不在を狙って謀反をはかったものの、未然に発覚し、おびき出されて殺された。そのとき韓信をだまして呼び寄せたのは、むかし韓信を熱心に引き立てた蕭何だった。残念ながら、やはり韓信には、大事な能力が欠けていたようだ。

『史記』は、韓信自身の口から、高祖に向かって、こんなふうに述べさせている。本当に韓信がこう言ったのだとすると、彼にも自覚はあったのだろうか。

「陛下の兵を率いる才は、わたしにはとても及びません。しかし陛下には、将を率いる才がおありです。それは天の授けたまいしもの、人の力ではございません」

第四章

漢代篇

西暦	出来事
前200	漢，長安に都を定める。高祖，冒頓単于に大敗（白登山の戦い）
前195	高祖没する。呂后が実権を掌握
前180	呂后死去。高祖の功臣たちが文帝を擁立
前154	呉楚七国の乱が起こり，鎮圧される
前129	武帝，対匈奴戦争を開始
前112	南越を滅ぼす
前104	太初改暦。武帝による天下統一の完成
前99	李広利の遠征軍，匈奴に敗北。李陵，匈奴に降伏
前81	塩鉄会議において専売制度の是非が議論される
後8	外戚の王莽，皇帝に即位し，新を興す（～後23）
後25	劉秀，皇帝に即位し，漢を復興
後91	班超，西域都護となる
後166	清流派官僚，弾圧される（党錮の禁）

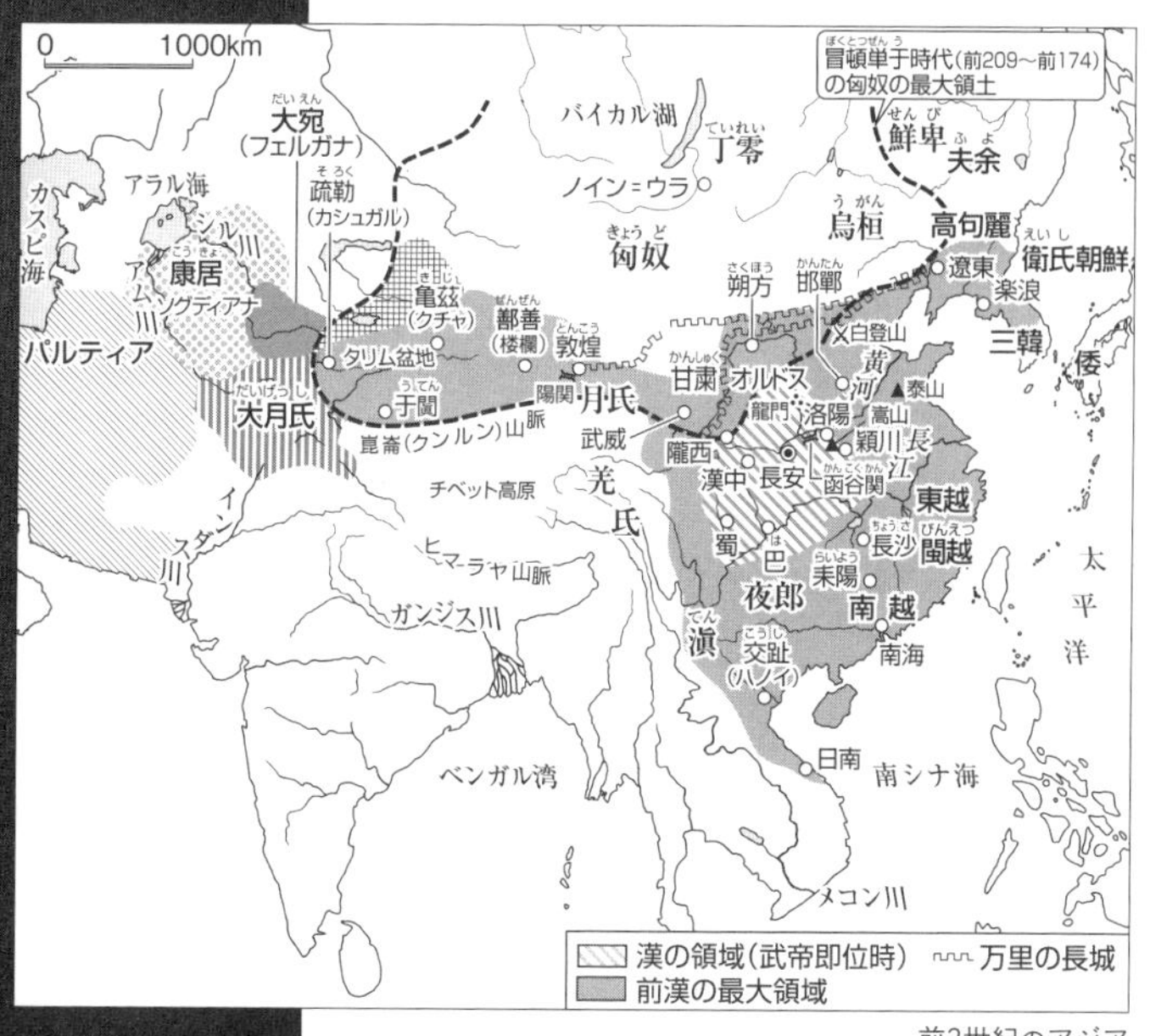

前2世紀のアジア

恙無し

平穏無事であること。疑問形の「恙なきや」は、相手の安否を問う挨拶。『史記』匈奴列伝より

天下の趨勢が定まったのち、かつて劉邦と肩を並べていた韓信のような王たちはつぎつぎに排除され、かわって劉氏の一族が王に立てられた。韓信を謀殺した黒幕は、高祖の妻・**呂后**（↓背水の陣）であったといわれている。

『史記』が描く呂后は肝のすわった人物で、漢王朝初期の体制は、この女親分が劉邦子飼いの荒くれどもを束ね上げることにより定まった。それは、近年進められている研究からも確認されている。『史記』が高祖の後継たる正統な支配者を呂后だとするのは、決して誇張ではない。

呂后の辣腕はもちろん大したものであるが、一方で、なぜ高祖の存命中に天下の安定が実現できなかったのか、という問題がある。考えられている理由のうちとくに重要なのは、モンゴル高原の動向である。当時のモンゴル高原は、西方の貴重な物産や高度な技術を東アジアに伝える主要な窓口にあたり、そこに住む遊牧民・匈奴は、騎馬の機動力と鉄鏃（鉄のやじり）の破壊力によって、中国をお

びやかす存在だった。いわゆる万里の長城は、その脅威から中国を守るために修築されたものだ。
前二〇九年に即位した匈奴の冒頓単于（「単于」は匈奴の最高君主の称号）は、ほかの遊牧集団を駆逐して急速に勢力を拡大し、モンゴル高原に匈奴帝国と呼ばれる強大な国家を出現させた。皇帝となってまもない高祖はこれと戦い、白登山（山西省大同）にて七日間も包囲され、屈辱的な和約を結んだ。以後、漢は匈奴の動きにつねに注意をはらわなければならなくなり、東方の安定をはかろうにも、うかつな身動きができなくなった。

高祖が死んで呂后が権力を握ると、冒頓単于は呂后に書状をよこし、こう言ってきた。

「お互いひとり身で楽しまずにいることだし、わしの身体の有るところをもって、そなたの無いところに入れこんでみたいのだが」

呂后は怒ったが、勝ち目はない。そこで返事を出した。その中身がまたふるっている。

「お見限りなくてうれしいわ。でもわたしはもう年で、そんな元気もないし、髪も歯も抜け落ちて、すっかりよぼよぼなの。せっかくのお誘いだけど、嫌な思い出にはしたくないし、どうかお許しなさって」

冒頓単于はすまなかったと詫びたという。侮辱されても武力に訴えられない漢の劣勢ぶりとともに、相手を立てつつうまくいなしてことを収めた、呂后の傑物ぶりが垣間見える。

呂后の死後、北方の辺境で王となっていた高祖の子が長安（陝西省西安）に迎えられ、皇帝となった。これが文帝（ぶんてい）である。匈奴におびえて暮らす北辺の民の苦労を知っていた文帝は、匈奴討伐の軍を興したが、文帝の即位に不満をいだく王の反乱にあい、取りやめになった。匈奴は匈奴で、**月氏**（げっし）（↓**夜郎自大**）と争い中央ユーラシアへの進出を強めつつあった折から、漢との全面対決は望むところでなかったようだ。そこで冒頓単于と文帝は、お互いに使者を送って、和親を確認し合った。その国書の冒頭は、それぞれこんなふうにはじまっていた。

「天の立つる所の匈奴大単于、敬んで皇帝に問う。恙（つつが）無きや」

「皇帝、敬んで匈奴大単于に問う。恙無きや」

「恙」は「やまい」「うれい」のほかに、人の心をかじり食らう虫を指すことがあり、安否を尋ねるときの「恙無きや」は、もともと「悪い虫はいませんか」との問いかけから発生したとの説もある。ただ、原義はともかく、通常「恙無きや」と言えば、「ご病気やご心配ごとはございませんか」という意味である。東アジアの書簡文の基本的な形式が当時から変わっていないことに、改めて驚かされる。

朝令暮改

―指示や方針が頻繁に変わって一定しないこと。『漢書』食貨志より―

漢の文帝に仕えた有名な学者に、賈誼と晁錯がいる。

賈誼は洛陽の生まれ。若くして抜擢されたが、老臣たちに嫌われ、長沙国（湖南省）に左遷された。長沙の北には屈原が身を投げた**汨羅の淵**（↓汨羅に死す）がある。屈原の境遇に賈誼も感ずるところがあったのだろう、屈原を弔う賦（韻文の一種）を残している。やがて文帝の末子・梁王の傅役になったが、梁王は夭折し、悲嘆のあまり世を去った。

同じころ、文帝の太子の家令（執事）をつとめていたのが、晁錯である。潁川郡（河南省）の出身というから、賈誼と同様、漢の拠点である関中に、外から入ってきた新参者だ。太子に気に入られ、「智嚢（知恵袋）」と呼ばれた。ただし、朝廷での評判は最悪であったらしい。

当時の漢にとっての脅威は、北の匈奴と東の諸王だった。匈奴は強大だが、欲しがるものを与えさえすれば、おとなしく去っていく。しかし諸王が狙うのは、皇帝の位そのもの。だから高祖は、東方の敵を防ぎやすい関中で、天下ににらみを利かせた。が、親分肌の高祖も呂后もいなくなり、分家から文帝が入ると、雲行きが怪しくなる。王たちを軒並み劉氏にすげ替えたことが、かえって裏目に出たのだ。すべての王に継承権があるから、ひとりが皇帝になれば、ほかは当然面白くない。

洛陽や潁川は、漢の直轄地が関中の東側にはみ出した地域にあたる。こうしたところは、いつ王に攻め込まれるかと、緊張感が高い。そこで育った賈誼や晁錯には、高祖に従軍した手柄をひけらかすお歴々の、昔ながらのなあなあなやり方が、現実離れしたものに見えたことだろう。王たちを皇帝のもとにつなぎとめ、匈奴の脅威に対処していくには、君臣のけじめをつけて、天下をまとめる必要がある。その目的に向けて、政治の方針も制度も、一新しなければならない。こうした点で、賈誼も晁錯も、考える方向性は同じだった。しかし、方法が違う。商人が富みさかえ農民が困窮する世情を見て、賈誼はこう上言した。

「『**倉廩実ちて礼節を知る**』（↓衣食足りて礼節を知る）と管子は申しました。食うに事欠くようでは、話になりません。**民が農業に立ちもどるよう、じきじきに働きかけられませ**（↓七夕）」

では、晁錯はどうか。

「民の生活は苦しいのに、取り立ての気まぐれなこと、朝に命令して日暮れに改める（朝(あした)に令(れい)して暮に改む）ほど。民は税を納めるため必要なものさえカネにかえ、それで商人は儲けております。課税はシンプルに、納めるのは穀物にするのが上策です。穀物を多く持参した民には、地位を与えるようにいたしましょう」

「朝に令して暮に改む（朝令而暮改）」を縮めたのが「朝令暮改」。しょっちゅう命令が変わって定まらないことを指す。もちろん、場あたり的な対策を批判する言葉である。

賈誼と晁錯はいずれも、学問だけで成り上がった若輩者よと嫌われたが、考え方は異なる。王や匈奴に対しても、賈誼は**情勢をコントロールして相手を手なずけようとした**（↓遠慮）が、晁錯は抑圧的・攻撃的な姿勢を貫いた。彼らをひとからげに言うのは正しくない。

一般には、晁錯の強硬な態度が、文帝を継いだ**景帝**（↓鶏鳴狗盗）のもとで、呉楚七国の乱と呼ばれる諸王の反乱を招いたとされる。このとき晁錯が問責され刑死したのが証拠だともいう。しかし、本当にそうだろうか。反乱側の諸国には、高祖の長子の流れをくむ王たちが加わっていた。文帝が即位したのは仕方ないが、次はうちでなければと考えたのだ。さらには呉王のように、景帝個人を憎む王もいた。呉王の太子は、即位前の景帝と長安で六博をした際にいさかいとなり、ゲーム盤で撲殺されていたのだから、恨んで当然である。もし晁錯が先に死んで賈誼が生きながらえたとしても、おそらく趨勢は変わらなかったろう。歴史は、個人の力だけでどうにかできるものではない。

六博のようすを描いた俑。六博はすごろくの一種で、漢代に大いに流行した。もともとは何本かの棒を振っていたが、のち**さいころ**（→乾坤一擲）も用いられた。遊ぶ際には酒がつきものであったらしく、画像石には六博と酒器がセットになってあらわれる図案が多い。メトロポリタン美術館（ニューヨーク）蔵。

首鼠両端

――どちらにするのか態度が定まらないこと。『史記』魏其武安侯列伝より――

呂后の時代にその一族・呂氏の専横があって以降、漢代にはしばしば外戚（君主の妻の一族）が力をもった。景帝・武帝の時代にも、竇嬰・田蚡の権力闘争があった。

竇嬰は文帝の皇后の親戚で、呉楚七国の乱の際に武功を立て、景帝のもとで出世した。しかし景帝の死後、若くして武帝（在位 前一四一～前八七）が即位すると、景帝の皇后の同母弟であった田蚡が影響力を増すことになる。

田蚡には竇嬰のような功績があったわけでもないのに、権勢をかさにきて、不遜な振るまいが多かったらしい。それは若年の武帝を遠慮させるほどだった。田蚡は田蚡で、年少の武帝をあなどっており、あるとき淮南王の**劉安**（↓蟷螂の斧）にこうささやいた。

「お上にはお世継ぎがおわしません。万一のことがあれば、高祖さまのお孫さまであらせられる、あなたさまの出番ですぞ」

劉安の父は、文帝の帝位継承にあたり有力な対抗馬とされ、文帝即位ののち謎の死を遂げていた。だから劉安は、武帝に対して腹に一物あったという。外戚のくせにこういう人物と結託するのだから、田蚡も食えない男である。極めつきは、前一三二年、黄河が大決壊したときの逸話。被害は広大な地域に及んだが、あふれた水の流れは田蚡の領地からそれていた。田蚡は、このままにしておけば自分の所領が黄河の洪水におびやかされることはなくなると考え、堤防の修復を差し止めさせたのだとか。

竇嬰の落ち目に、取りまきは田蚡のもとに走ったが、それでもただひとり竇嬰と昵懇にしていたのが、灌夫だった。灌夫は強情で、酒癖が悪く、人に媚びることが嫌いときている。田蚡とうまくいくはずがない。田蚡の晴れの宴席で、俺の酒が飲めないのかと田蚡にからみ、挙げ句は招かれていた高官を侮辱したため、罪を得て処刑されることになった。灌夫をかばって竇嬰が裁きに口をはさむと、田蚡も正面から反論し、決着がつかない。武帝から意見を求められた大臣の韓安国は、どちらにも一理あると言って断定を避けた。結論が宙に浮いたまま朝廷を退くにあたり、田蚡は韓安国を車に同乗させて当たり散らした。

「おぬしもわしも、失うもののない老いぼれの身だ。なぜ穴から首を出したネズミ（首鼠）が右か左かとうかがう（両端）ような真似をしておるのだ」

ぐずぐずと決めかねることを「首鼠両端」と言うのはここからきている。相手は百戦錬磨の韓安国、無礼な言いようだ。韓安国は動じず、

「ああいうときは、仰るとおりと引き下がっておけばよいのです。商家のこせがれやそこいらの女どもでもありますまいに、言われれば言い返すなど、あなたもわからんお人ですな」

田蚡は納得したものの、それで譲歩するでもなく、事態は竇嬰に不利なかたちで推移した。灌夫は一家皆殺しとなり、竇嬰についてもどこからともなく悪いうわさが広まって、結局打ち首となった。が、田蚡もさすがに寝覚めが悪かったのだろう。まもなく床に臥せり、ひたすら詫び言だけを叫び続けるようになった。霊媒師を呼んで見せたところ、竇嬰と灌夫がとり憑いているという。そしてついに息を引き取った。竇嬰らの死から、わずか数か月後のことであった。

夜郎自大

──身の程をわきまえず、尊大な態度をとることのたとえ。『史記』西南夷列伝より──

武帝の治世のはじめは、多事多難であった。黄河がたびたびあふれる一方、現在の福建省一帯にいた東越という民族が、漢に敵対するようになった。淮南王は、東越を力で抑えつけようとする武帝の方針を批判するなど、不穏な動きをみせていた。事態を収拾すべき立場にある丞相（宰相）の田蚡が、私利私欲のために淮南王と内通したり、黄河の大氾濫を放置したりしていたことについては、「首鼠両端」で述べたとおりだ。

朝廷においても、北の匈奴と東の諸王という**二つの脅威**（↓朝令暮改）のどちらを優先的に処理するかで、対立が激しくなっていた。北方派は匈奴単于の殺害をたくらんだが、これが失敗したことで、匈奴との和親が破れてしまう。ただ、武帝にとって幸運だったのは、黄河の決壊と東越の動きによって東方の情勢が不安定になり、諸王の身動きがとれなくなったことである。武帝は北の備えを強化し、されるがままだった漢のにわかの反撃に驚いた匈奴は、手出しをやめて北へと去った。武帝はこれと並行して、匈奴との戦いは天下の一大事だと喧伝し、長引く洪水で疲弊した東方の諸王から実権を立て続けに奪い、皇帝と諸王の立場の違いを強調して、王の自立性を否定した。その過程で、淮南王ら反抗的な王たちは、死に追いやられた。

この少し前、匈奴との戦いが終わりに近づいていたころ、匈奴をはさみ撃ちにするために西の大月氏国（アフガニスタン北部。匈奴に敗れた**月氏**の一派が西に逃れて建てた国）（↓恙無し）へ派遣されていた張騫が帰国した。その報告によれば、西方にはインド経由で、四川の産物が流通しているとのことであった。南回りで西への道が開けることを知った武帝は、インドに向けて使者を派遣したが、彼らは途中の滇国（雲南省）において足止めをくい、目的を達せられなかった。

滇国は、漢が「西南夷（西南の野蛮人）」と総称していた諸民族の国のひとつである。西南夷とは、今日の貴州省・雲南省から四川省南部一帯に広がる山岳地帯に暮らす人々で、当時いくつもの国に分かれていた。漢の使者たちは、滇国でさんざん待たされた末、ほかの国が邪魔をするのでインドには行かれない、と告げられたのだった。このとき滇国の王や夜郎国（貴州省）の王は、漢の使者に対してこう問うたという。

「漢とわが国とでは、どちらが大きいのか？」

司馬遷は、交通の途絶した狭い世界にいて漢の広大さをわからなかったのだとしつつ、帰った使者たちが滇の大国ぶりを言い立てたとも記す。彼らがそうしたのは、任務に失敗したせいなのか、実際にそう信じていたからなのか、いまとなっては知る由もない。ただ『史記』によると、武帝も使者の申し状をもっともだと思ったらしい。つまり、漢の側もまた、当初は夜郎や滇のスケールをよくわかっていなかったということなのだろう。この故事にもとづいた「夜郎自大（夜郎自ら大なりとす。ちっぽけな夜郎が自分を大きいと考えた、の意）」という成語があらわれるようになるのは、用例から判断するに、貴州をはじめとする西南地方の直接支配を推し進めた清の乾隆帝（在位一七三五〜一七九五）の時代のことであるようだ。

いずれにしても、この一件で、西南夷の存在はそれまで以上にクローズアップされることになった。やがて武帝が現在の広州（広東省）を拠点としていた南の大国・南越国を滅ぼすと、それまで南越にしたがっていた夜郎や滇にも、事態の重大さがようやくのみこめたらしい。彼らは漢に帰服し、武帝はそれぞれの首長に金印を与えて、王の地位を安堵した。司馬遷が西南夷の国々の規模を正しく認識できたのは、このとき西南夷の鎮撫に加わり、現地の様子を承知していたからである。武帝が滇王に与えた印は、のちに二千年の眠りからさめて現代にあらわれ、いまも博物館の展示室において間近に見ることができる。

「滇王之印」金印（左、中国国家博物館蔵）と「漢委奴国王」金印（右、福岡市博物館蔵)。「漢委奴国王」金印は、1784年、現在の福岡県志賀島において、農民が偶然発見した。**後漢の光武帝**（→鉄中の錚錚）が倭の奴国王に金印を与えたという『後漢書』の記載と合致するが、漢代の文献にみえない蛇形の鈕（つまみ）をもつ点が謎とされていた。のち1956年、雲南省昆明の石寨山遺跡から、武帝が下賜したとみられる蛇鈕「滇王之印」が出土したことにより、現在では、蛇鈕を南方・東方の文化と結びつけて説明することが一般的になっている。

万歳

原義は「長い年月」。転じて、長寿を願ったり慶事を祝ったりする言葉。万歳三唱の故事は、『漢書』武帝紀より

文字どおり読めば「万の歳月」のこと。もともとは「万福」「万幸」などと同じく、祝いの言葉であった。今日でも「とこしえに」の意で用いられる賀詞「千秋万歳」は、『**韓非子**』（↓守株・矛盾）にすでにみえている。漢代に編まれた『史記』や『戦国策』には、和氏の璧を手に入れた昭襄王の取りまきが**万歳を唱えたり**（↓完璧）、馮驩の借金帳消しを喜んだ民が**万歳を称する描写がある**（↓長鋏よ帰らんか）から、晩くとも戦国時代の末期から漢代のはじめごろには、「万歳」によって祝いの気持ちをあらわす習慣が広まっていたことがわかる。それが現代日本で一般的な三回連呼、すなわち三唱のかたちになったのは、漢の武帝の故事による。

匈奴を追いはらって西の異民族・羌を討ち、南越・西南夷を相次いで下した武帝は、前一一〇年、大軍を率いて北方を巡幸し、匈奴に武威を示すパフォーマンスをおこなった。そこへ、東越もついに滅んだとの報が入った。長年の懸案だった北と東の危機はついに去り、武帝は「海内一統（天下統

一）」を宣言すべく、東方への巡幸に出発した。目指すは東の海、そして天地を祀る聖なる山・泰山（山東省）である。その途上、武帝が嵩山（河南省。中国の五つの名山・五岳のひとつ）に登ったとき、どこからともなく「万歳」と呼ばわる声が三回聞こえたという。

　前漢時代の歴史について記した『漢書』は、この声を聞いた者がひとりやふたりではなかったとわざわざ記しているが、この手の話はかえって怪しい。嵩山の一帯は関中の外ではあるが、まだ漢の直轄領域内である。これから諸王が治める地域に出ていくのに先立って、東方世界の山の神霊も武帝を祝福しているとの宣伝材料を作り、王たちを牽制・威圧する手立てとしたのだろう。その上で武帝は、海岸地帯を経めぐって泰山にいたり、帝王が天地にみずからの功業を報告する儀式「封禅」を挙行したのだった。

　この嵩山でのエピソードにちなんで、のち、皇帝に謁見する際に万歳を三回唱えるようになった。これを「山呼」あるいは「三呼」という。民間において万歳を唱えることも唐末ごろまでは続いていたようであるが、万歳を皇帝以外に対して用いるのはよろしくないとする考え方が優勢になり、宋代にはもっぱら皇帝に対して称するものとなった。さらに明末から清代には、「万歳」「万歳爺」で皇帝を意味する用法があらわれる。これに対して、皇后・太子・王などは「千歳」。いまでも中国の時代劇を観ていると、皇帝や皇后に向けて人々が「万歳、万歳、万万歳」「千歳、千歳、千千歳」と歓呼するシーンに出あうことがある。

一方、日本での「万歳」は、逆のプロセスをたどった。『続日本紀』には、桓武天皇の延暦七（七八八）年、宮中で万歳が唱えられたとあり、古くは身分の高い人々のあいだで用いられる祝いの言葉であった。当時は遣唐使を介して中国文化が受容されていた時代で、その学び手も貴族や僧侶に限られていたことを考えれば、当然のことである。ところが、平安時代の末期ごろから宮中や上流階級のもとで演じられていた年賀の舞楽「千秋万歳」が、室町時代に民間へ広まっていき、江戸時代には日本各地で民俗芸能「万歳」が成立した。ほかのさまざまな文化と同じく、かつては貴族に独占されていたものが、貴族の衰微にともない武家へ、さらには民間へと拡大していったわけである。こうした動きと同時に、「万歳」という言葉も広がっていったようで、一七世紀はじめにイエズス会の宣教師が編んだ『日葡辞書』にも、新年の祝詞として「千秋万歳」が紹介されている。

ただし、万歳を三唱する習慣が日本に定着していったのは、明治期に入ってからのことである。「ばんざい」という読み方もこのころ起こった。その傍ら、民俗芸能の「万歳」は、大正期から昭和初年の大阪において、掛け合いを楽しむ語り芸「漫才」を生み出した。が、漫才の土壌となった大衆の活力にあふれる世は、ほどなくして、国家のために命を捧げる「バンザイ」に覆われていくことになる。英語のbanzaiには「ときの声（war cry）」との語義もあるが、そんな説明は、『日葡辞書』にはなかったのだ。

細君

―「妻」の謙譲表現。『漢書』東方朔伝より―

こんな噺をご存じだろうか。

あるとき、珍しい魚がとれた。名前がわかれば褒美をつかわすというふれ書きに、ひとりの男が「てれすこ」と申し立てる。確かめようもない。そこでその魚を干物にし、再度ふれを出すと、同じ男、今度は「すてれんきょう」だと言う。お上をあざむいたと打ち首にされる間際、男は妻にこう告げた。

「息子には、干したイカを決してスルメと呼ばせるな」

男は放免になった。この「てれすこ」、鎌倉時代の説話集『沙石集』に由来するとされるが、『漢書』にそっくりの話がある。

武帝のとき、宮中にさまざまな流派の占い師を集め、あてものの会が催された。伏せた盂（大皿）

の下においたものを、占って当てるのだ。やもりが隠されたが、誰も当たらない。そこへ進み出たのが東方朔だった。易（↓乾坤一擲・一陽来復）によって当ててみせるという。ものものしく筮竹（易占いに用いる細長い棒。五〇本を一セットとして用いる）を分けて卦を立ててみせ、

「角がない龍、足のある蛇。やもりかとかげでありましょう」

当たりだ。さらにこの後も、続けざまに言い当てる。褒美の絹が山になった。そこへ割り込んできたのが、武帝お気に入りの郭という道化。

「こんなのはただのまぐれです、まことの術ではありません。次も当たれば、わたしが百叩きになりましょう。当たらなければ、わたしに絹を賜りたい」

さて、隠されたのは寄生（さるのこしかけ）。ところが東方朔の答えは「窶藪」。頭に盆を載せてものを運ぶとき、盆を安定させるため、下におくしきもののことだ。平たく輪になったかたちは確かにそっくりでも、同じものであろうはずがない。息巻く郭に東方朔の言うよう、

「生肉を膾、干し肉を脯と言う。木についておれば寄生、盆の下にあれば寠藪だ」

気の毒に、郭はこれで百叩きになった。清代のさる学者は、「寄生」と「寠藪」は発音も似ているので、さるのこしかけを寠藪と呼ぶこともあったと解釈するが、お人好しにもほどがあろう。しばらくして、伏日（夏の盛りの庚の日）がやってきた。武帝から近臣に肉が下されたものの、切り分ける役人がなかなか来ない。東方朔は剣を抜いて肉を勝手に切り、さっさと帰ってしまった。翌日、当然おとがめがある。その反省の弁が、またこんな調子。

「朔や朔、命を待たない無礼者。剣で肉切る伊達男。切っても控えめ正直者。細君に差しだす愛妻家」

武帝は笑って、これは細君にと、多くの酒と肉を持ち帰らせた。細君は妻の本名とも、あるいは「細」が「小」に通じることから、諸侯の妻を意味する「小君」になぞらえた言い方ともいう。いずれにせよ、今日では、「妻」と同義の名詞になっている。「寠藪」にしろ「細君」にしろ、いずれもとんち話の類だが、易の方法や社会的評価、伏日に肉を食べる習慣、頭に盆を載せてものを運ぶ風習など、当時の雰囲気をよく伝えるエピソードである。

傾城傾国

―美しい女性のこと。転じて、遊女の意にも用いられた。『漢書』孝武李夫人伝より―

かつて田蚡が淮南王に言ったように、武帝は若くして即位したが、**なかなか子に恵まれなかった（↓首鼠両端）**。心配した武帝の姉の平陽公主がそばにつかわしたのが、もと歌い女の衛子夫で、彼女がみごもったのに気をよくした武帝は、その兄弟を取り立てた。しかし衛子夫が産むのも女ばかりで、やはり世継ぎができない。王たちに足下を見られる不安定な情勢の中、**匈奴との和親が破綻した（↓夜郎自大）**ことはすでに述べた。

そんなとき、北方に駐屯して匈奴との戦いに尽力したのが、衛子夫の弟・衛青と、甥の霍去病だった。しかし、史書に記載された二人の軍功をみていると、どうにも腑に落ちないことがある。彼ら二人がつぎつぎと手柄をあげるのに引きかえ、ほかの将軍たちは匈奴に大負けして帰ったり、約束の期日に遅れて処罰されたりと、失態ばかりなのだ。

その理由をうかがわせる事件がある。呉楚七国の乱で武勲を立て、北辺の守りに活躍した李広という名将がいた。匈奴も李広に一目おき、「飛将軍」と呼んで避けていた。口下手だが誠実な人柄で多くの人々に慕われ、そのさまは「桃李言わざれども下自ら蹊を成す（モモやスモモにはよい花や実があるために人が訪れ、下には自然と小径ができる。立派な人物のもとには人が集まる意）」と評されたほどであった。若い衛青の活躍に老将の血が騒いだのか、しぶる武帝に再三迫って従軍の機を得たが、衛青はわざと李広の部隊を遠回りさせた。おかげで道に迷った李広は後れを取り、ために漢軍は単于を捕らえそこねてしまう。李広は部下をかばって責任を一身に引き受け、自刎して果てた。『史記』や『漢書』は、李広を単于とあたらせないよう武帝が衛青に密命を下していたとか、衛青にはほかに功を立てさせたい人物がいたのだとか、それらしい理由を並べているが、この手のしくじりが李広ひとりに限ったことではないところをみると、どこまで本当かわかったものではない。しかも、この一件を根にもった李広の末子が衛青を襲うと、衛青は寛大にもそれを許してみせ、ほどなく霍去病が事故をよそおって始末したという。どうにもすっきりしない話ではある。

それはともかく、衛青と霍去病の奮戦によって、匈奴は北に退いた。この戦いのあいだ、衛子夫はついに男子を産んで皇后に立てられ、その子も皇太子となっていた。武帝は東方を安定させて**封禅をおこない**（↓万歳）、それをきっかけに二〇年も放置されたままだった黄河の氾濫をようやく治め、さらに朝鮮までも征服して、漢の勢威は大いにふるった。西方から訪れた外国の使節は、漢の豊かさに驚嘆したと伝わる。ただしその陰で、霍去病も衛青も世を去り、衛子夫の容色も衰えつつあった。

海内一統をなしとげた武帝は、新しい国にふさわしい祭祀の整備をすすめており、それに合った音楽が求められていた。その作曲で名をあげたのが、宦官の李延年であった。歌舞が得意で、あるときこんなふうに歌った。

「北におります麗しの女、流し目ひとつで城を傾け、もいちど流して国を傾く。城もお国も惜しくはあれど、かほどの女またとなし」

のちに美女や遊女のことを「傾城」とか「傾国」というようになったのは、この故事にもとづく。そんな女がいようかとため息をついた武帝に、延年には妹がいると教えたのは、衛青の妻となっていた、かの平陽公主だった。それで妹を召し出してみると、美しい上みごとに舞う。武帝はすぐに夢中になった。これが李夫人である。

やがて李夫人が男子を得たことで、李延年は大出世した。それだけではない。二人の兄の李広利（名前は似ているが、飛将軍の李広とは何の関係もない）は将軍に抜擢され、西方にいる名馬を連れてくるよう命じられた。ところがこれが、多くの不幸のはじまりだったのである。

人生、朝露のごとし

――人生の短さ、はかなさのたとえ。『漢書』蘇武伝より――

遠征先での激戦と過酷な行軍によって多大な犠牲をはらいつつ、李広利は何とか名馬を連れ帰った。が、匈奴の勢力圏であったシルクロードのオアシス国家群に漢が手を出したことは、匈奴との不和を招いた。衛青も霍去病ももういない。匈奴の撃退という重任が、李広利の双肩に課せられた。

前九九年、李広利は三万の兵を率いて匈奴を討った。数多くの首級をあげたものの、凱旋の途中で敵に包囲され、全軍の七割近くを失う大敗を喫する。このとき李広利を支援するため差し向けられたのが、飛将軍・李広の孫である李陵。その部隊はわずか五千、しかも歩兵ばかり。ところが不運にも、李陵のこの別働隊の方が、匈奴単于の大軍に遭遇してしまった。李陵は飛び道具を駆使して奮戦したが、圧倒的な戦力差を覆すのは容易でない。武器も食料も尽き、とうとう降伏した。その報が漢の朝廷に伝わり、満座が李陵を非難する中、**司馬遷がひとり弁護の声をあげ、武帝の逆鱗に触れて、宮刑に処せられた**（↓暴を以て暴に易う）ことはよく知られている。

さてこのころ、匈奴のもとに、蘇武という人物が抑留されていた。使者として遣わされながら降伏を迫られた蘇武は、要求を頑なに拒絶して、穴ぐらに閉じこめられた。数日後に匈奴の人々が発見したのは、厳寒の中、雪をかじり毛織物を食べて生きのびた蘇武の姿だった。驚いた匈奴は、蘇武にバイカル湖のほとりで牡羊（おひつじ）を飼わせることにした。そのとき示された釈放の条件は、「牡羊が子を産むこと」だった。

その蘇武のもとに、匈奴への帰順を促すため、李陵がやってきた。李陵は武帝に一家を殺され、漢に帰れなくなっていたのである。蘇武と李陵は、かつてともに武帝のそば近くに仕えた同僚で、気心は知れていた。

「人生は朝露のようにはかないものだ（人生、朝露のごとし）。なぜ君はこんな苦しみを続けるのか。陛下はお年を召され、人が変わられた。忠義立てには及ばない」

切々と語りかける友の言葉にも、蘇武は首を縦に振らなかった。

月日は流れ、李陵の降伏から一〇年ほど経ったころ。李広利もまた、匈奴との戦いの最中（さなか）に無実の罪を着せられ、妻子を処刑された。頼みの李夫人は早くに亡くなっており、手のほどこしようもなかった。行き場を失った李広利は匈奴に投降し、漢との戦いで死んだ匈奴兵へのいけにえにされた。李広利の降伏により、武帝は李延年を一族皆殺しとした。

やがて武帝が没し、漢と匈奴のあいだに和議が成立した。漢は蘇武の身柄を要求する。しかし匈奴側は、蘇武は死んだの一点張り。そこで蘇武のもとの部下が、漢の使者に入れ知恵した。

「単于にこう申されませ。天子さまが狩で雁(かり)を射落とされたところ、足に布が結びつけられており、そこに蘇武さまの居場所が記してあったと」

使者にこう聞かされた単于、さては露見(ろけん)したかと観念し、蘇武を帰すことにした。この故事から、手紙のことを「雁書(がんしょ)」「雁(かり)の使い」などと呼ぶ。

李陵は別れの宴を設け、蘇武のために歌い、舞った。匈奴の地に止まること一九年、蘇武はようやく帰るを得た。一方の李陵に、戻るところはない。送る李陵も、送られる蘇武も、心中に去来する思いはいかばかりであったろうか。このとき李陵の頬には、数行の涙が伝っていたという。

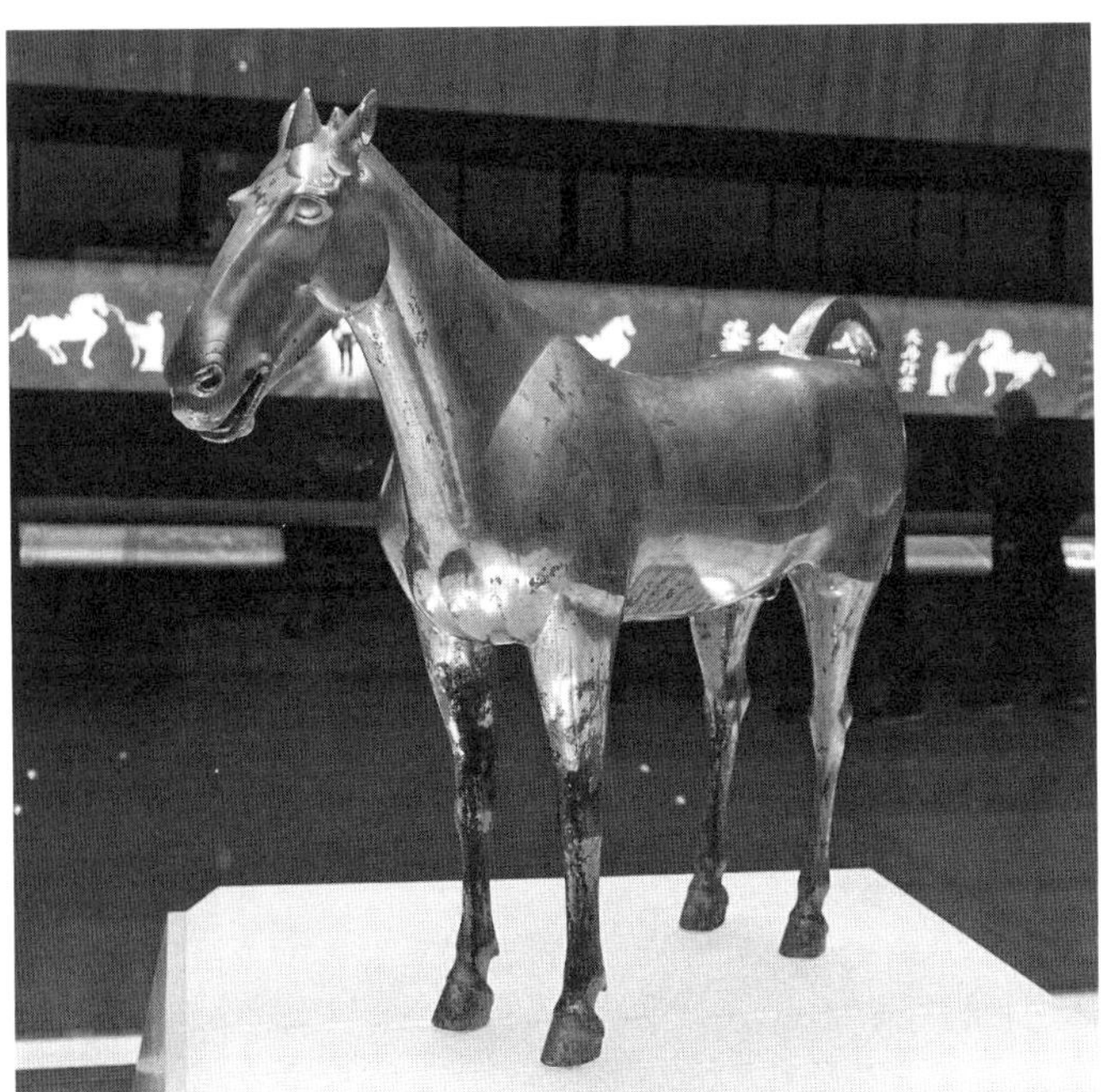

鎏金銅馬。1981年に武帝の陵墓の附近から出土したもので、大宛（フェルガナ。現在のウズベキスタン東部）で産する「天馬（汗血馬）」を模しているとされる。武帝は西方の大型の馬を欲したというが、当時の漢では馬の欠乏が深刻化し、えり好みの余裕はなかったろう。李陵が歩兵のみで出撃したのも、騎兵不足が原因だった。陝西歴史博物館（西安）蔵。

言うは易く行うは難し

―口で言うのは簡単だが、実行するのは難しい、という意味。『塩鉄論』利議より―

武帝の晩年は陰惨なものであった。宮中では武帝に対する呪詛のうわさが絶えず、李広利の妻子を含め、多くの無実の人々が落命した。嫌疑は衛子夫が産んだ太子にも向けられ、追いつめられた太子は、反乱の挙げ句に殺された。衛子夫は自殺し、皇后の位を剥奪された。武帝は死の床で、まだ幼い末子を後継者に指名し、重臣たちに後事を託したと伝えられる。

新たに立った昭帝の補佐にあたることになった重臣の筆頭は、霍去病の弟の霍光。彼は武帝の長い治世が招いた弊害を除き、支配の安定をはかった。その一環として開かれたのが、世に言う「塩鉄会議」である。

武帝の時代には戦争や大型事業がひっきりなしに続き、しだいに財政は逼迫した。その解消のため新しい経済政策を打ち出したのが、武帝子飼いの桑弘羊であった。桑弘羊の施策の中でもとくに成果をあげ、かつ反撥を生んでいたのが、生活必需品の塩・鉄・酒の生産や販売を国家が管理する専売制度であった。いくら国庫が充実しても、民に見はなされれば国はおしまいだ。昭帝には年かさの兄もおり、社会の動揺は体制の崩壊につながりかねない。それを防ぐには、武帝の後ろ楯がなくなったいまのうちに、桑弘羊ら強硬派を黙らせる必要がある。それで霍光は、桑弘羊一派と各地から呼び寄せた学者とを御前に集め、民間の労苦について議論させたのだった。

この会議の様子は、『塩鉄論（えんてつろん）』としてまとめられた記録によって、細部まで知ることができる。中心となるのは、そもそも専売は必要なのかという問題だ。民の暮らしが苦しいと言うが、物流がよくなってこんな珍しいものが手に入るようになったではないかとか、お上は専売のために農具の規格をひとつにしてしまったが、各地の自然環境はこんなふうに違うのでこうした弊害が生ずるとか、両者がそれぞれの立場から当時の社会生活に言及し、話題は尽きるところがない。時代の異なるわれわれにとって、そのすべてが新鮮である。そんな日用品があったのか。あの土地の気候はいまとこんなに違うのか。そうやって建物をつくるのか。当時の人々はこんなペットを飼っていたのか。何しろ同時代人の実体験ばかりだから、その筆の鮮やかさには、どんな歴史家だってかなわない。しかも全篇が対話で書かれているので、まるでシナリオでも読んでいるかのようだ。学者が感情的に罵り出したり、大臣が腹を立てて黙りこんだりする姿には、彼らも人間なのだと、微笑ましささえ覚える。

その一部、桑弘羊が学者たちに反論する台詞の中に、こんなくだりがある。

「見かけだおしで中身がないなど、よくあること。口先で人を判断するのは、毛で馬を判断するのと同じです。口で言うのは簡単ですが、実行するのはむずかしいもの（これを言うは易くしてこれを行うは難し）。あなた方はただ古い手法にとらわれ、空言に引きずられているだけです」

君たちは理屈ばかりで批判だけは上手だが、わたしのように実績をあげるのは簡単ではないぞ、というのである。この桑弘羊の言は、「言うは易く行うは難し」のかたちで流布している。武帝のころ『書経』に付された注釈には「これを知るは易く、これを行うは難し」とあり、中国ではそちらをふまえて「知易行難（知るは易く行うは難し）」と言うことが多い。江戸時代中期以降、日本では実用的な学問が好まれるようになり、『塩鉄論』のような儒学以外の書物もさかんに読まれたので、その影響でこんな違いが生まれたのかもしれない。

結局、双方の主張は折り合わなかったが、桑弘羊の政策に対して民間、とくに東方で不満が渦巻いていることが明らかになっただけでも、朝廷にアピールするところは大きかったのではないか。塩鉄会議の場でこそ、桑弘羊一派は「東方の田舎者に何がわかる」などとうそぶいていたが、のちに東方で王となっていた昭帝の兄を味方に引き入れ、霍光を内外からはさみうちにすることを企み、発覚して処刑された。こののち漢の政策は、強権的なやり方で中央が地方の富を吸い上げるのではなく、多様な地域性を尊重しながら国内をひとつに統合する、まったく新しい体制づくりに向かっていくことになる。

折檻

――厳しく叱責すること。肉体的暴力を伴う意味でいうことが多い。『漢書』朱雲伝より――

今日では体罰・虐待のイメージをもたれているが、肉体的にこらしめ責めることを「折檻」と言うのは、そもそも誤用である。字面がものものしいので、辞書を引かない人には、手足をへし折ったり檻に入れたりするような意味にとられてしまうのだろう。だが、これは「檻を折る」だから、人に暴力をふるう意味であるはずがない。原義は「強く諫める」意である。

前一世紀の終わり、成帝の時代には、外戚である王氏の一族が権勢をふるっていた。当時、政治の乱れが天変地異を引きおこすと信じられていたことから、打ち続く日食や地震を王氏の専横と結びつける上書が絶えなかった。それで成帝が、学問の師と仰ぐ老臣・張禹に意見を求めたところ、答えはこうだった。

「災異のことは深遠ではかりがたく、ゆえに孔子さまは天命をめったに論じず、また人知を越えたことがらは語りませんでした。学の浅い連中のたわごとなど、信用してはなりません」

政治と災異とを結びつける「災異思想」を唱えたのは、武帝のときに活躍した董仲舒(とうちゅうじょ)だった。人間の心がけをとくに重視した董仲舒は、君主に対しても、天意にそむかず謙虚で正しくあれと説いた。董仲舒にとって災異とは、君主がみずからを省(かえり)みる手がかりだったのだ。しかし、遊び人の気(け)があった成帝は、こうした考えを煩(わずら)わしく思ったらしい。折しも成帝の世には、君主は君主であれば無条件に偉いのだとする、別の学説が幅をきかせるようになってきてもいた。一方の張禹はといえば、占い好きが昂(こう)じて学問の道に入ったような人間で、ひたすら『論語』ばかり読んでいた。孔子は天命を論じないとか、人知を越えたことがらを語らないとかいうのも、『論語』の引用である。これまた、董仲舒とはそりが合いそうもない。しかも、かつて張禹と仲たがいしていた王氏一派は、張禹の反応を伝え聞いて態度を変え、張禹と親しくするようになったそうだから、ふざけた話である。

こうなると、王氏より先に張禹を何とかしなければ、ことは解決しない。事態を憂えた硬骨漢(こうこつかん)の朱雲(しゅうん)が、成帝に拝謁して言った。

「『論語』に、『小人物は仕官すべきでない、出世したらしたで保身ばかりだ』とございます。ついては剣を拝領して、悪臣を除きたく思います」

「悪臣とは誰のことか」

「張禹です」

成帝の顔色が変わる。

「そのほう、わが師を侮辱したな。勘弁ならん、斬れ」

引き立てられそうになった朱雲が、御殿のてすり（檻）にしがみつき抵抗したので、てすりが折れてしまった。朱雲は連れ去られながらも、

「命は惜しくないが、国の行く末が心配だ！」

と叫んでいたという。

幸い、その場にいた重臣の必死の命乞いで、成帝の怒りは解けた。壊れたてすりは、忠臣の記念として、そのまま残されたのだった。

漢代の画像石（拓本）にみえる蹴鞠のようす（推定）。成帝は蹴鞠好きで、消耗が激しいため控えるよう忠告されたほどだった。代わりとなる似た遊びとして考案された弾棋（手持ちのコマをはじいて競いあうボードゲーム）は、こののち大流行し、**梁冀**（→跋扈）や**曹丕**（→鶏肋）は名人だったと伝わる。原石は江蘇師範大学漢文化研究院（徐州）蔵。

秋扇

時期を過ぎて役に立たなくなったもののこと。もと、寵愛を失った女性の意。班倢伃「怨歌行」より

暑いさかりには大いに用いられる扇も、秋になって涼しくなれば捨てられてしまう。そんな秋の扇のように、用済みとなったもののことを「秋扇（しゅうせん）」と言う。漢の成帝の宮女・班倢伃（はんしょうよ）の「怨歌行（えんかこう）」。

新たに裂く斉の紈素（がんそ）　皎潔（こうけつ）として霜雪（そうせつ）の如し
裁ちて為（な）す合歓（ごうかん）の扇　団団（だんだん）として名月に似たり
君が懐袖（かいしゅう）に出入して　動揺して微風発す
常に恐る秋節（しゅうせつ）の至りて　涼風（りょうふう）炎熱を奪わんことを
篋笥（きょうし）の中（うち）に棄捐（きえん）せられて　恩情中道（ちゅうどう）に絶ゆ

裂きたての斉の白絹は、霜か雪かと見まがう白さ。裁って合わせて団扇にすれば、満月のようにまんまるよ。この団扇、つまりわたくしは、行く先々にお伴して、あなたが動かすそのたびに、そっとそよ風届けるの。でもね、いつも怖かった、秋がきて涼風立つことが。団扇は箱にしまわれる。あなたもわたしを忘れるわ……。

班倢伃は学芸に秀で、立ち居振る舞いも古来の作法にかなっていたと伝わる。あるとき、成帝が班倢伃とともに車に乗ろうともちかけたところ、こう応じてみせた。

「昔の絵図によりますと、すぐれた君主の隣には必ず名臣がおりますのに、王朝の末の君主は寵姫をしたがえております。それと同じことになってしまいませんか」

やんわり辞退の意思を伝えつつ、相手を傷つけないかたちで戒めてもいる。なかなかこんなふうには言えないものだ。知的でつつましい人柄であったのだろう。

成帝の寵愛も深かったが、新たな側室・趙飛燕の登場が彼女の人生を狂わせた。飛燕は妬み深く、聡明で知られた許皇后を、讒言によっておとしいれた。班倢伃にも危険がせまり、警戒した彼女はみずから願い出て、後宮から退いたのだった。そんな経緯を嘆いて詠んだとされる歌のひとつが、この「怨歌行」（「行」は歌の形式の名）。「怨歌」とは「怨み節」ではなく、「悲しみいたむ歌」の意。班倢伃になぞらえた後世の作ともいわれるが、いずれにしても細やかな情感にあふれた、切ない歌である。

趙飛燕は皇后となり、妹とともに成帝に愛されたが、二人とも子を授からなかった。成帝が急死すると、関与を疑われた妹は自殺。飛燕自身は、成帝の甥・哀帝の即位を助けて地位を保ったものの、哀帝の没後、王氏一族の王莽に追いつめられて庶民に落とされ、やはりみずから命を絶った。そんな趙姉妹とは対照的に、班倢伃は成帝の陵墓をまもり、死後そこに葬られた。結局、成帝と深い仲にあった女性たちのうち、まともな死に方をしたのは、おとなしく身を引いた班倢伃ひとりだったわけである。そしてその一族から、**優れた人材が続々とあらわれる**（↓虎穴に入らずんば虎子を得ず）。

宋代の団扇の面の部分。三匹の猿が鷺を得る（「三猿得鷺」）図案は、**科挙**（→畜生）の三次にわたる試験をすべて首席でパス（三元）して栄達する「三元得禄」を暗示している。中国の絵画では、こうした寓意が好まれる。メトロポリタン美術館蔵。

飽きられ捨てられてしまった女性のことを「秋扇」にたとえるのは、いろいろな意味で差別的で、こんな用法を今後も受け継ぐべきだとは、とても思えない。そもそも冷房の行きわたった今日、団扇を使うこと自体が、だいぶ少なくなったようだ。世の移ろいに即して「篋笥の中に棄捐」されていくこの語こそ、まさに「秋扇」なのだということか。そこには、また別の寂しさもつきまとう。

鉄中の錚々

本来は、つまらないものの中でも多少ましなもののこと。現在では、「鉄中の」がない「錚々たる〜」の形で、「とくにすぐれている」意で用いられる。『後漢書』劉盆子伝より

武帝が政治的に統一した広大な空間を安定してまとめていくのは、決して容易なことではなかった。画一的なルールにしたがう法家のやり方は、日常業務には便利だが、ものの規格や賞罰の基準をそろえても、人の心までひとつにはならない。そこでもち出されたのが、土地柄に応じた政治を可能にする分権的な体制、つまり封建制だった。周王を中心に個性ある国々がゆるやかに結びついていた世界を再現しようと、各地の行政単位をいにしえの国に見立てる新しい制度づくりが、儒家主導のもとですすめられた。その中心にいたのが王莽である。

長い時間をかけて社会に定着したルールを踏襲しつつ、多様な地域を心情的に統合する方法を模索しているうちは、法家と儒家のいいとこ取りだから、万事うまくまわっていた。ところが、儒家の理想とする周の時代の制度を日常のルールの方にまでもち込みはじめたあたりから、歯車がかみ合わなくなってくる。しかも王莽は、大昔の聖人の政権交替を再現すると称して、漢の皇帝から位を譲り受

け、新を建国した。こうなると、何が目的だったのか、もうわからない。野蛮人はそれ相応の処遇を受けるべきだと、王莽が異民族をさげすむ態度に出たことで、近隣諸国は相次いで新から離反。対外戦争が続くうち、国内でも反乱が勃発し、新は結局一五年で滅亡した。

この混乱の中で擡頭してきたのが、漢の皇帝の一族であった劉秀である。彼は南陽一帯（現在の河南省南西部）の豪族を結集して勢力を伸ばし、やがてみずから皇帝の位についた。世に言う漢の光武帝（在位二五〜五七）である。しかし、当時はまだ群雄が各地に割拠しており、漢王朝の復興が成就するかどうかは不透明な状況だった。

そんなとき、長安を荒らしていた農民反乱軍の赤眉軍が、本来の拠点の山東に向かって移動しはじめた。一〇余万の大軍ではあったが、食うものがなくての東帰行だから、これはチャンスだ。果たして赤眉軍は、光武帝の攻撃に苦しみ、将兵こぞって降伏してきた。光武帝は赤眉軍にたらふく食わせたのち、敵将を集めてこう言った。

「諸君は降伏して後悔しないか。何ならもう一戦交えようぞ」

赤眉軍の徐宣がひれ伏して答えた。

「わたくしどもは長安を発しましたときから、ご人徳におすがりするつもりであったのです。何の恨むところがありましょう」

これに光武帝は、

「そなたはいわゆる『鉄中（てっちゅう）の錚錚（そうそう）、傭中（ようちゅう）の佼佼（こうこう）』という者であるな」

と応じたという。「傭中の佼佼」が「凡庸なものの中でも見映えのするもの」という意味なのは、読めばすぐにわかる。だから「鉄中の錚錚」も同じだろうと、漠然と理解されてきた。しかし、この表現でなぜそんな意味になるのか。「錚錚」は「かたい」意なので、鍛造した鉄器のことだろう。鉄の楽器は青銅より響きの豊かさに劣るが、かえって澄んだ音と感じる人もあるように、それなりの音はする。ただし、鋳造品と鍛造品を比べると、鋳造鉄器は「澄んだ音」の命ともいえる余韻に乏しい。その点をふまえれば、「鉄中の錚錚」が「青銅より劣る鉄の楽器の中でも、かたく鍛えられて、まともな音がするようになったもの」の意味であることは、疑う余地がない。今日のように「多数の中でとくに傑出したもの」という意味になるのは、時代が下ってからのことらしい。

糟糠の妻

―若く貧しかったころから、長年苦楽をともにしてきた妻のこと。『後漢書』宋弘伝より―

近年、健康ブームでぬかが見なおされ、ぬか漬けを食卓に取り入れる動きがあるのだという。それでも、昔ほどポピュラーなものにはなりそうもない。「ぬかみそ臭い」とか「ぬかみそが腐る」「ぬかにかすがい」といった慣用句も、いっこうに耳にしなくなった。「糟糠の妻」も、もはや死語だろう。

光武帝の初期の臣下に、宋弘という者がいた。穏やかな性格で、交際範囲もひろく、すぐれた人材を多く推薦した。あるとき宋弘が光武帝と酒席をともにしていたとき、光武帝が屏風に描かれた女に何度も目をやった。宋弘は居ずまいを正し、

「女を好むほどに徳を好むという人には出逢ったことがない（『論語』の引用）、と申します」

と言った。光武帝はすぐさま屏風を片づけさせ、笑って問いかけた。

「道義を聞けばそれにしたがう（『管子』の引用）。どうじゃ」

「陛下が徳を修められますことは、喜びに堪えません」

まこと結構な話ではあるが、こんな人とはできれば飲みたくない。

光武帝の姉・湖陽（こよう）公主が、夫と死別して戻ってきた。群臣と協議の末、内々に公主自身の意見を聞くことになった。公主の希望はこう。

「宋弘は威厳があり人格者で、ほかの者たちは及びもつきません」

宋弘は国家の要職におり、侯の地位もあって、確かに申し分ない縁組ではある。すぐにでも話してみよう、ということになった。

その日、やりとりの一部始終を聞かせようと、光武帝は屏風の後ろに公主を座らせておいた。もちろん宋弘はそんなことは知らない。光武帝の口説き文句は、

「世間では、出世すればつきあう相手を改め、豊かになれば妻を取りかえると申す。これが人情ではないか？」

宋弘のような相手に、これはストレートすぎたのではないか。

「わたくしはこう聞いております。貧しいときの友は忘れるべきでなく、糟糠（酒かすや米ぬか。粗末な食事のたとえ）をともに食べた妻は座敷から追い出してはならない（糟糠の妻は堂より下さず）、と」

貧しいころから苦労をともにしてきた連れ合いを粗末には扱えない、というのだ。まるで取りつく島もない。光武帝は屏風の向こうの姉に呼びかけた。

「不首尾でございました」

宋弘と「糟糠の妻（宋弘の妻）」のあいだに子はなく、死後その領地は召し上げられたが、宋弘に悔いるところはなかったろう。結婚ばかりが幸せではないのは確かだし、離婚も生き方のひとつだというのもそのとおりだ。が、中にはこんな夫婦がいてもいい。

司馬金龍墓出土屏風（部分）。光武帝がちらちら見ていた屏風というのは、「列女」を描いたものであったという。**『列女伝』**（→孟母三遷・瓜田李下）の女性たちは画題として好まれ、いくつもの実例がある。これは五世紀の末、北魏時代の作で、最下段には**班倢伃**（→秋扇）の故事もみえる。山西博物院（太原）蔵。

矍鑠

―年をとっても体が丈夫で、意気も盛んなさま。『後漢書』馬援伝より―

光武帝が赤眉軍を吸収したころ、西方には有力な勢力が二つあった。隴西（甘粛省）の隗囂と、蜀（四川省）の公孫述である。

隗囂のもとに、馬援という部下がいた。馬援は同郷の公孫述とかねて親しかったため、隗囂は馬援を公孫述のもとへ遣わし、様子をうかがわせた。馬援は昔なじみの再会を期待していたが、すでに皇帝気どりの公孫述は、堅苦しくものものしい迎えぶり。挙げ句、そなたに大将軍の位を授ける、などとやり出した。まだ天下は定まらないのに、腰を低くして人を集めようともせず、うわべのかたちばかり整えているようでは、到底見込みはない。馬援は隗囂のもとへ帰ると、公孫述は井底蛙（井の中の蛙。『荘子』にみえる比喩）にすぎないと報告した。

まもなく光武帝への使者として洛陽に赴いた馬援は、その器の大きさに感じ入り、光武帝につくことを隗囂に勧めた。しかし隗囂の態度は定まらない。馬援は隗囂を見かぎって、光武帝にしたがうことにした。

やがて隗囂の勢力は滅び、公孫述も撃破されて、光武帝が天下を平定した。王莽が改革に着手したころのバランスがとれた制度を踏襲したことで、漢の支配は安定し、のち二百年近くも命脈を保つことになる。といっても、それはまだ先の話。この当時は、近隣の諸民族と友好的な関係を築けておらず、各地で争いが絶えなかった。その鎮圧に奔走したのが、馬援であった。

四〇年、漢の支配下にあったヴェトナム北部で、現地の有力者である徴(チュン)氏の姉妹が抵抗の構えをみせた。馬援はこれを抑えるため兵を率いてヴェトナムに向かい、徴姉妹を討ち取って、その首を洛陽に送った。この功績で、馬援は侯の地位を得た。

さらに八年後、現在の湖南省西北部あたりで、山地民族が叛(そむ)いた。馬援はすでに六二歳という高齢であったが、出撃を願い出た。もう年なのだからと止める光武帝に、

「まだよろいを着けて馬に乗れます」

と主張する。馬上で睥睨(へいげい)するその姿、確かに今でもやれそうだ。光武帝は笑って言った。

「矍鑠(かくしゃく)としているな、このご老体は！」

「矍鑠」は音の響きとリズムで「元気なさま」を示しているので、文字自体の意味に過度にこだわるべきではないが、見慣れない文字なのであえて説明すれば、「矍」はすばやい視線の動き、「鑠」はみごとであることをいう。眼光するどく威風あたりを払う様子が、年老いてなおさかんな印象を与えたのだろう。かくして馬援は諸将を率いて出陣し、またも戦果をあげたが、暑い過酷な戦場がこたえたのか、陣中で病没した。

問題はそのあとだ。ある事件をきっかけに馬援を逆恨みしていた者が、死人に口なしと、馬援を讒言した。光武帝は怒って、馬援の侯の地位を取り上げてしまう。これに憤激した馬援の甥は、別の方法で馬氏の面目を保とうとした。馬援の娘を太子のおそばにと、光武帝に訴えたのである。そこで選ばれたのが、まだ一三歳だった末娘だった。

この少女は、長じて明帝(めいてい)の皇后となる。高潔で鳴らした父に似て、外戚が権力をもたぬようつとめ、明帝が宮殿に建国の功労者の肖像を描かせたときも、馬援の姿はそこになかったという。明帝の命により側室の子を引き取ると、慈しんで養育し、母子の仲はたいへん睦まじかったとも伝わる。中国史上屈指の名皇后として、今日までその誉れは高い。

ハノイ市内にあるハイ・バー・チュン（二徴夫人）祠。にぎやかな街から少し入った、静かな住宅街にひっそりとたたずむ。中国の脅威に長くさらされてきたヴェトナムでは、徴姉妹は民族独立の英雄として尊ばれている。中国南部から東南アジアにかけての一帯では、かつて女系社会が各地でみられ、ヴェトナム語では夫婦のことを「妻夫（ヴォーチョン）」という。

虎穴に入らずんば虎子を得ず

―リスクを恐れていては大きな成果は得られない、という意味。『後漢書』班超伝より―

虎の子をとらえるためには危険をおかして虎の巣穴に入らなければならないように、大きな利益を得ようと思ったら冒険は避けられない、という意味。リスク覚悟で大仕事をはじめようというとき、いまでもよく用いられる。

王莽のときに匈奴との関係が破綻して以来、匈奴はふたたび漢にとっての難敵となっていた。光武帝の時代に匈奴は南北に分裂し、南匈奴は漢に服属したが、北匈奴の脅威は去らなかった。匈奴と中国の力関係の目まぐるしい変化に翻弄され、シルクロード沿いの諸国のあいだでも、不安定な情勢が続いた。

七三年、明帝は将軍・竇固に匈奴征討を命じた。その配下に、班超という武将がいた。父・班彪はかの**班倢伃**（↓秋扇）の甥で、高祖から王莽にいたる歴史を記した『漢書』は、班超の兄・班固と妹・班昭が班彪の著述を引きついで完成させたものだ。そんな学者一家にあって、班超は武勇にも長けていた。班超の活躍に見どころを感じた竇固は、西域（タリム盆地一帯のオアシス地帯）への使いを任せることにした。西域諸国が中国王朝の支配を脱してから、すでに半世紀以上が経過している。容易な任務ではない。

班超が向かったのは、タリム盆地の入口に位置する鄯善国（楼蘭）。はじめは一行を歓待した鄯善王だったが、やがて態度が粗略になった。様子がおかしい。これはきっと北匈奴からも使いが来て、漢と匈奴をはかりにかけているのに違いない。そう考えた班超は、わけ知り顔で鄯善の接待役に尋ねた。

「匈奴の使者が来て数日経ったが、いまどこにいるのかね」

意表を突かれた接待役は大いに恐れ、すべて白状してしまう。班超は接待役を閉じこめたうえで、三六名の部下を集めて酒をくみ交わし、宴たけなわになったころ、勢いこんで言った。

「虎穴に入らずんば虎子を得ず。今夜、北匈奴の使者を焼きうちにして、根こそぎ討ちとってやる。そうすれば鄯善王の腹も決まるだろう。壮士ならば命を惜しむな、名をこそ惜しめ！」

その夜。班超が放った火は、折からの強風で燃えひろがった。数に劣る漢側は、小勢であることを悟られまいと、まわりで太鼓をさかんに鳴らし、大軍での包囲をよそおった。あわてふためいて逃げ出した者は、班超の手勢に斬りふせられ、ほかはことごとく焼け死んだ。

翌日、北匈奴の使者の首を示されると、鄯善は王以下みな震えあがった。班超は、人質として差し出された鄯善王の子を引き連れ、竇固のもとへ帰った。竇固が喜んだのは言うまでもない。こののちも班超は三〇年あまりにわたって西域で活躍し、西域の国々はこぞって漢にしたがったのだった。

班超の才を見いだした竇固は、度胸も度量も大きかった。班超にも似たところがあったらしい。「虎穴に入らずんば虎子を得ず」のエピソードもそうだが、班超が後任の西域都護（西域にあって諸国をおさえる官）に残した忠告も、彼の人柄をよく伝えている。

「君は寛容さに欠け、せっかちなところがある。水がきれいすぎると、大きい魚は棲めないものだ（水清ければ大魚無し）。ゆるゆるとやさしく、小さいことは見のがして、要所だけをおさえるようにするのがよい」

これを聞いた後任者、こんな平凡なことを言うようでは、班超も大したことはないと語ったとか。果たして数年で西域に反乱が起こり、お役御免となったという。

跋扈

―荒々しくふるまうこと。好き放題にのさばること。「跋扈将軍」は『後漢書』梁冀伝より―

後世の人が漢の時代を語るとき、どうしても高祖の出世物語や武帝の華々しい事績に目がいきがちである。それに引きかえ、光武帝（こうぶてい）が再興した後漢というと、幼帝を抱き込んだ外戚（がいせき）と宦官（かんがん）の暗躍で混乱が続いたイメージが強い。しかし、むしろ重要なのは、そんな後漢が二百年も命脈を保ったことなのである。人口や版図も、前漢と後漢とで、実はそれほどの差はない。皇帝が指導力を発揮せず、中央政府が権力闘争に明け暮れながら、民がそれなりに暮らしていけたのは、前漢末に王莽（おうもう）が立てた政治制度がすぐれていたことを示している。

後漢の朝廷が乱れた大きな原因のひとつは、皇后に男子がなく、側室の子や分家から入った子が皇帝になるケースが多かったことにある。建前の上では、皇帝は実母よりも先代の皇帝の嫡妻を母として尊重すると定められていたが、そんなに割りきれるものではない。先帝の皇后にも皇帝の実母にも、バックには一族がついているから、なおさら話はややこしくなる。

明帝を継いだ章帝（しょうてい）の竇（とう）皇后（竇固の一族）には子がなかった。竇皇后は男子を産んだ側室たちを憎み、梁貴人の子を自分の子として養う一方、太子の母・宋貴人に無実の罪を着せて死に追いやり、太子を廃した。その上で後顧の憂いを絶つため、梁貴人やその父をおとしいれて始末した。やがて章帝が没すると、梁貴人の子が即位して和帝（在位 八八～一〇五）となり、竇氏一族がわが世の春を謳歌するようになる。とくに竇皇后の兄の竇憲はやりたい放題で、行きすぎて竇皇后にまで目をつけられると、匈奴を討って手柄を立てると言って出撃し、北匈奴を壊滅させた。竇憲はこの功績を誇ってさらにおごり高ぶったが、和帝やその意を受けた宦官たちに先手を打たれ、都から追放されて自殺した。

こののちもかわるがわる外戚が権力を握っては、宦官に除かれることがくり返される。その中で息を吹き返してきたのが梁氏であった。梁貴人の甥の子にあたる梁冀は、後漢時代に悪逆の限りを尽くした外戚連中のうちでも、札つきの悪党で知られる。順帝（在位 一二五～一四四）の皇后となった梁皇后はまじめな人物であったらしいが、兄の梁冀は遊びでやらないものはないという放蕩者。真人間だった父・梁商が病没し、数年後に順帝が幼い男子ひとりを残して若死にすると、もう歯止めがきかなくなった。

翌年、順帝の子も在位わずか一年で亡くなったのを受け、御しやすい子どもを皇帝にしようと、梁冀は八歳の質帝を立てた。しかし予想に反して質帝は聡明で、幼いながらに梁冀の専横を憎み、群臣が居並ぶ朝廷で梁冀をにらみつけて、

「これは跋扈将軍である」

と言いはなった。「跋扈」とは、勝手気ままに暴れるという意味だ。

梁冀はすぐことを起こした。大臣の李固が急な呼び出しに駆けつけたところ、質帝がひどく苦しんでいる。どうしたのかと尋ねる李固に向かって、

「煮餅（こねた小麦粉をスープで煮たもの）を食べたら、お腹がすごく痛いんだ。水を飲んだらよくなると思うんだけど」

と答える質帝。しかし、居合わせた梁冀は、

「吐いてしまうかもしれません。水は召し上がられますな」

と意にもかけない。その言葉が終わるか終わらぬかのうちに、質帝は息絶えたのだった。

蔡倫の墓。蔡倫は紙の改良に貢献したことで知られる。竇皇后が宋貴人をわなにかけたとき、宋貴人に罪ありと告げたのは蔡倫で、和帝の時代に重用された。のち宋貴人の孫にあたる安帝が即位すると、過去の罪を問われ、毒をあおいで自殺した。出身地の湖南省耒陽には蔡倫の墓と祠が残っており、附近には杜甫（→国破れて山河あり）の墓もある。

登龍門

俗に、出世のきっかけとなる関門のこと。本来は、有力者の引き立てを得て地位を高めること。『後漢書』李膺伝より

山西省と陝西省の境に、龍門と呼ばれるところがある。有名な石窟寺院がある洛陽近郊の龍門と同じ名だが、もちろん別の場所。こちらの龍門は、黄河の急流で知られる。後漢末から魏晋のころの書とされる『三秦記』は、その様子をこんなふうに記す。

「水流が激しく、通行不能である。魚や亀の類もさかのぼれず、龍門の下には数千の大魚が集っている。もし上れば、そのときは龍となる」

通りぬけた魚は龍となるので、龍となる門、つまり龍門というわけだ。これが「登龍門」つまり「龍門を登る」だと、「有力者に引き立てられて世に出る」意になる。自力では龍門を越えられないことを前提として、すでに龍門の上にいる人に招き上げてもらう語感である。

前漢末に確立された漢の人事制度はまさにそうしたもので、いくら功績や勤続年数があっても、それだけでは一定のランクから上には決して昇進できなかった。上位グループに属している者から、見どころのある人材として推薦・抜擢されてはじめて、先の道が開けるのだ。とんとん拍子で出世していくことを指して、現代中国語では「鯉魚跳龍門（鯉が龍門をとびこえる）」と言うが、これはすでに龍門を越えた鯉が天へ天へと昇っていくイメージで、原義に近い。これが日本語の「鯉の滝登り」になると、ずいぶんと矮小化され、頑張れば自分でどうにかできる感じになってしまう。さらに今日の日本では、栄達にいたる関門そのものを「登龍門」と称するが、ここまでくると誤用だ。

当時「龍門」を越えるためには、二つの方法があった。ひとつは皇帝自身か、あるいは属僚を自分で選ぶ資格のある高官に、直接抜擢してもらうこと。もうひとつは、地方の長官の推薦を受けることである。しかし、推薦された者が任官を受けるには、宮中での審査が入る。その宮中では、質帝を継いだ桓帝が宦官と協力して梁冀を排除したのち、宦官の一派が皇帝の親近官を独占するようになっていた。自力では子孫を残せない宦官にとって、頼れるのは財力だけだから、彼らはせっせと蓄財にはげみ、人事に介入して賄賂をとった。そのため、まともな人間が立身しようとする場合、推薦制度は使えなくなってしまった。となれば、とにかく自分の評判を高めて、心ある高官に抜擢してもらうしかない。が、評判を高めるには、学問を修めて行いを正しくするだけでなく、社会的影響力の強い著名人に接近して、世間に存在をアピールしなければならなかった。これはこれで難題である。

そんなわけで、桓帝の治世の末期には、官界に両極端な性向の人々が同居することになっていた。カネにものをいわせて宦官と結託するか、ひたすら世評を気にかけるか。まるで逆の発想なので、平和共存などあり得ない。声望を重んじた者はみずからを「清流」と呼び、宦官一派を「濁流」と名づけて、激しく攻撃した。清流派のうち、とくに人気のあったひとりが、司隷校尉（首都警察の長官）であった李膺。気むずかしい堅物で、宦官の関係者だろうと容赦なく摘発し、鬼上司としても鳴らしたという。あまり近づきたくない御仁であるが、知名度は抜群だから、その知遇を得れば、評判はぐんと高まる。時の人は、李膺との面会がかなった者を「登龍門」（龍門を登った者）と称した。

宦官の方も、こうした動きを黙って見ているはずがない。批判勢力を「党人（徒党を組む連中）」と称し、免官や禁錮（官吏になれなくすること）に処した。これを党錮の禁という。宦官一派の思いきった措置を受け、清流派は清流派で開きなおる。在野にあって、著名人番付などをつくり、価値観を同じくする者の横のつながりを強め出した。果ては「人物鑑定士が選ぶ今月の有名人速報」まであらわれたという。こうして宦官に牛耳られた朝廷への批判は強まり、政治は混乱の一途をたどっていく。

清流だ濁流だというけれど、根底にあるのは結局コネ人事。違っているのは、その手段がカネか人気かだけだ。ただもちろん、その差は大きい。コネ重視の制度は人物保証のためにはじまったもので、長年それなりに回っていたのだが、肝心の上位グループの腐敗によって、とうとうおかしくなってし

壺口瀑布。峡谷が門のようになっている龍門からさらに60キロほど上流にある巨大な滝で、龍門伝説の舞台はこの一帯のことだといわれる。そのスケールは、日本人の想像をはるかに超えている。流量が少なめの時期でも、黄土を含んだ黄河の水の泥しぶきで、近よれば一瞬で全身泥だらけになる。反宦官勢力は「清流」を自称したが、実際の龍門がこれほどの濁流であるのは、何とも皮肉な話だ。

まったわけだ。鯛は頭から腐るというのは、一理ある。

覆水盆に返らず

一度こぼした水を元通りにはできないように、やってしまったことは取り返しがつかない、という意味。もとの形は「覆水収むべからず」。『後漢紀』霊帝紀下より

二世紀末、霊帝（れいてい）の生母・董（とう）太后は、前皇帝・桓帝（こうてい）の皇后にかわって皇太后の地位を得た。**皇帝は生母よりも先の皇帝の皇后を尊ばなければならない**（↓跋扈）というのは、後漢時代、どんなに政治が乱れても守られてきたけじめである。それを皇帝がみずから破ったのだから、もう何でもありだ。董太后は官職を売ることで、莫大な賄賂をためこむ。そこへさらに、霊帝の何（か）皇后とその一族・何氏がのさばりだし、董太后と政争をくりひろげるようになった。また外戚だ。

そんなとき、宗教教団が主導する民衆反乱・黄巾（こうきん）の乱が起こる。政府に不満をいだく清流派が黄巾軍と結託しては一大事と、宦官たちは禁錮を解除した。並行して、各地では軍閥が自立する。これで役者がそろった。皇帝とその生母、外戚、宦官、清流派、軍閥。朝廷だけでなく、国じゅうの秩序は、たちまち崩壊していった。

黄巾の乱が鎮圧されたのち、まず退場したのは霊帝であった。続けて、後ろ楯（うしだて）を失った董太后も失

脚する。外戚の何進は、次に宦官を打ち果たすべく、清流派と手を結んで策をめぐらしたが、妹である何皇后と弟の何苗が反対したため、なかなか実行に移せずにいた。そのときの何苗の台詞。

「わたくしどもは宮中に参ったゆえ豊かになりました。国家のことは一筋縄ではいかぬもの。ことを起こしてしまってからでは、もう取り返しがつきません（覆水収むべからず）。よくお考えになり、宮中の方々と仲よくすべきです」

このとき何苗は宦官から賄賂を受け取っていたのだというから、もう何が何だかわからない。ぐずぐずしているうち、何進は宦官一派に殺されてしまった。

何進殺害への反撃として、清流派は宦官を排除する。ところが、それにかわって実権を掌握したのは、何進が地方から洛陽に呼び寄せていた軍閥だった。朝廷は地方を制御できなくなり、中国はいよいよ争乱の時代に入っていくことになる。

この「覆水収むべからず」の故事は、四世紀に編まれた『後漢紀』という書物にみえている。五世紀に成立した『後漢書』では、ほかの箇所にも類似の表現が用いられていて、取り返しのつかないことをこぼした水にたとえる言い方が広まっていたことをうかがわせる。さらに下って、宋代の詩人・**蘇軾**（↓晴好雨奇）の詩には、「覆水瓶に返らず」という表現もあらわれる。

盆が出てくるのは、明代になってからだ。妻に逃げられた太公望（↓暴を以て暴に易う）が出世したのち、昔の妻に復縁を迫られたので、盆の水をぶちまけて、戻してみせろと言ったのだという（『天中記』）。主人公は太公望になっているが、もちろん、後世のつくり話である。ただし、そこでも成語としてみえているのは「覆水定め難し」だけで、「覆水盆に返らず」という言い回しはない。「覆水盆に返らず」は、蘇軾の詩や太公望の物語などを組み合わせて、日本でつくられた表現なのではなかろうか。

　気をつけたいのは、この太公望の話はあくまでも後世に生じたものなので、「別れた夫婦の仲はもとに戻らない」は決して「覆水盆に返らず」の本来の用法ではない、という点だ。ところが、この意味がひとり歩きし、武帝のときの人・朱買臣のエピソードを出典としている本さえある。確かに『漢書』朱買臣伝には、太公望の物語とよく似た記事があり、後世の人が朱買臣の逸話を翻案した疑いは濃厚だ。しかし、『漢書』朱買臣伝の当該箇所には、盆はおろか、水さえあらわれない。となると、いくら筋が似ていても、それを「覆水盆に返らず」の故事とは言えないだろう。さらに、『拾遺記』という書物から出たと主張する説まであるけれども、これにいたっては、該当する記載すら確認できない。もっとも、載っていたところで、『後漢紀』の記録の方が古そうだが。

　結論。出典定め難し。

第五章 三国・六朝篇

西暦	出来事
184	黄巾の乱起こる。党錮の禁解かれる。以後，群雄割拠の時代に
208	曹操，劉備・孫権連合軍に大敗（赤壁の戦い）
220	曹丕，魏を建てる。こののち，魏・蜀漢・呉の鼎立状況となる
228	蜀漢の諸葛亮，北伐を開始。街亭で馬謖が敗れ，蜀漢軍撤兵
265	司馬炎が魏から帝位を奪い，晋を建てる（西晋，～316）
280	西晋が中国を統一。三国時代終わる
304	匈奴の劉淵が自立。以後，華北では諸国が興亡（五胡十六国）
318	司馬睿，建康で帝位につき，晋を再興（東晋）
356	東晋の桓温の北伐軍，洛陽を占領
383	前秦の苻堅，東晋軍に大敗（淝水の戦い）
420	劉裕，東晋にかわり宋を興す（劉宋）。以後，建康で南朝が交替
439	北魏の太武帝，華北を統一。以後，華北で北朝が交替
589	隋の文帝，中国を統一

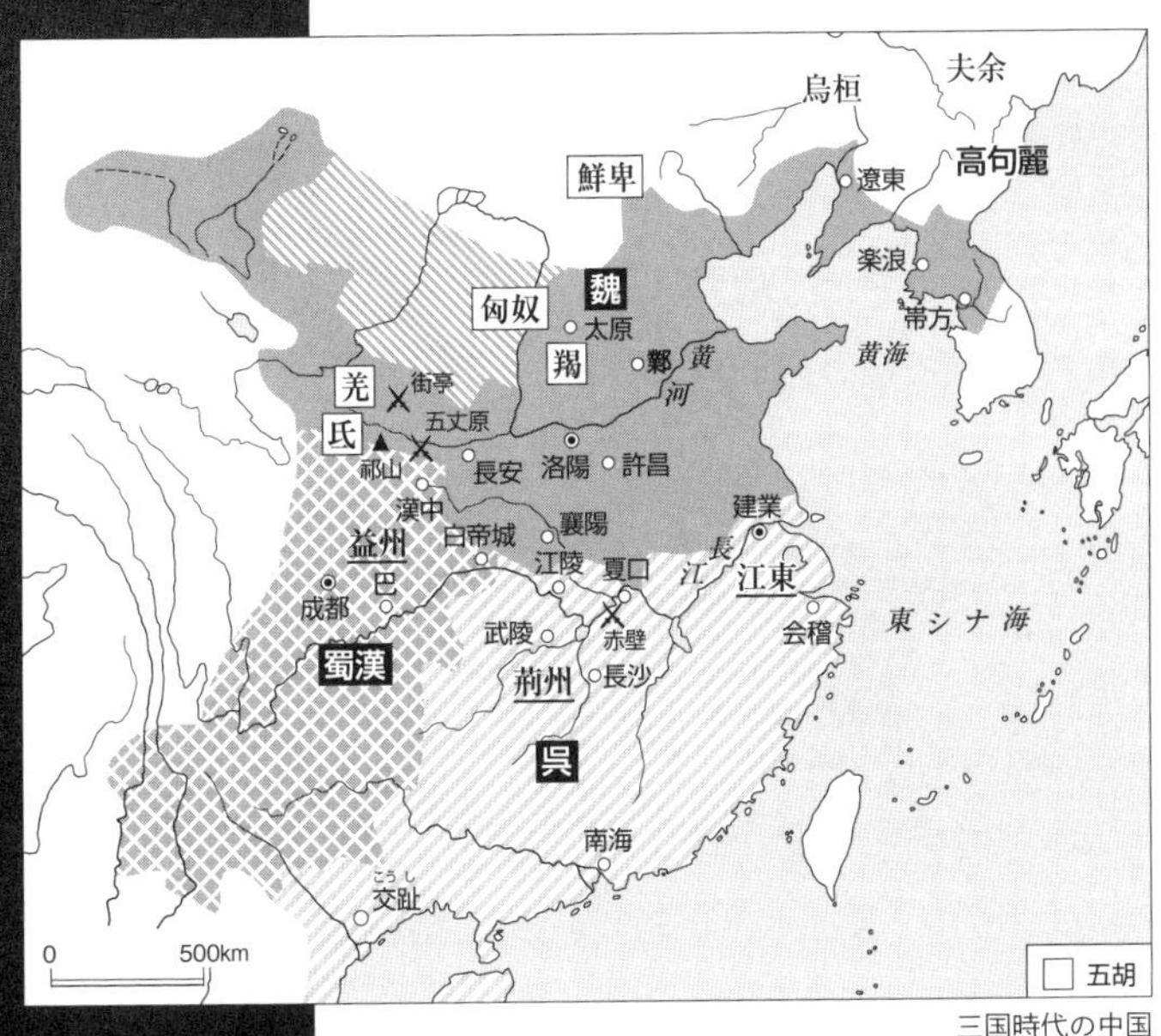

三国時代の中国

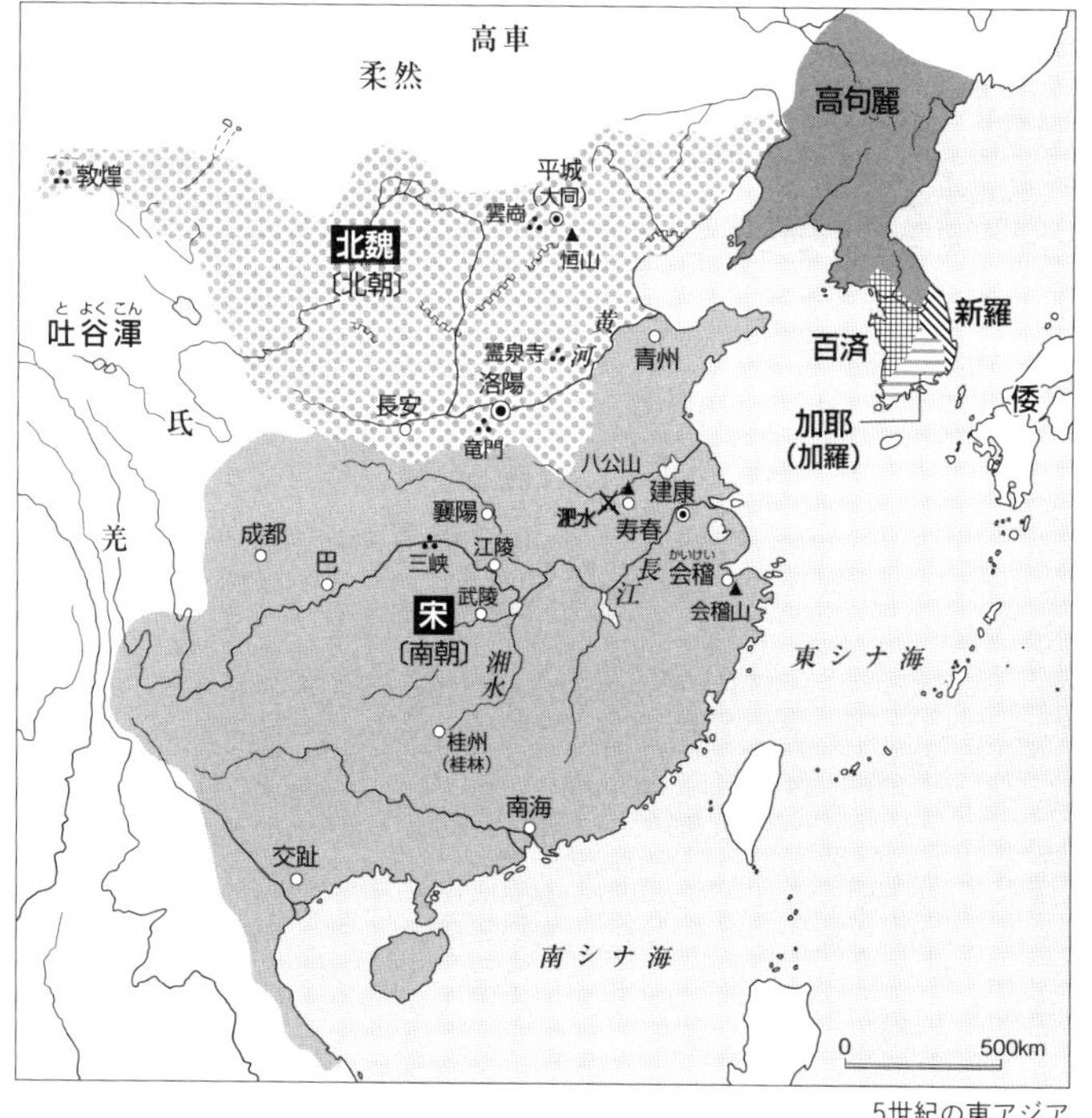
高車
柔然
敦煌
北魏
〔北朝〕
平城
(大同)
雲崗
恒山
とよくこん
吐谷渾
黄
河
霊泉寺
洛陽
長安
竜門
氐
青州
高句麗
新羅
百済
倭
加耶
(加羅)
八公山
建康
淝水
寿春
襄陽
成都
羌
巴
三峡
江陵
長
江
かいけい
会稽
会稽山
宋
武陵
〔南朝〕
湘
水
東シナ海
桂州
(桂林)
南海
交趾
南シナ海
0
500km
5世紀の東アジア

水魚の交

――水と魚のように、切っても切れない間柄のこと。『三国志』諸葛亮伝より――

四川省の省都・成都に、武侯祠と呼ばれる名所がある。祀られているのは、『三国演義』に登場する名軍師・諸葛亮（諸葛孔明）。彼が仕えた英雄・劉備の墓もここにある。

二世紀末、漢王朝の衰微は誰の目にも明らかになり、群雄が各地に割拠しはじめた。ひとくちに群雄といっても、漢の地方長官だった者から、清流派官僚や地方軍閥、あるいは新興宗教の教祖まで、出自はさまざまだ。片や劉備は、皇帝の一族・劉氏の出身というふれこみで世に出たものの、しっかりした勢力基盤もなく、活躍の場を得られずに、行く先々で居候同然に過ごしていた。つまり、群雄の数にも入らない存在だったわけである。

劉備が荊州の劉表のもとにいたときのこと。ある日、「臥龍（ひそんでいる龍）」という逸材のうわさを耳にした。人に勧められるまま出向き、面会を求めたが、最初もその次も空振り。三度目にして、ようやく対面がかなった。

「漢朝はかたむき、お上は都を追われる始末。天子さまをお支えしたいと思いながら、それだけの知略もなく、失敗続きです。お知恵をお貸し願えませんか」

訴える劉備に、諸葛亮は言った。

「いまや曹操（宦官の養子の子）は百万の軍勢と天子さまを擁し、手出しのしようがありません。他方、孫権は江東（長江下流域）をすっかり掌握しており、頼みにはできても、敵対するわけには参りません。交通の便のよい荊州と、天然の要害である益州（四川）を押さえられませ。その上でまわりのえびすどもを手なずけ、孫権とよしみを通じ、いったん事あれば荊州から洛陽方面へ、益州から長安方面へと兵をくり出せば、漢の復興は成りましょう」

諸葛亮のこの回答は、後世「隆中対」と呼ばれる。「隆中」は荊州の役所があった襄陽（湖北省）のはずれの村で、諸葛亮はここに住んでいた。「対」とは、官吏登用の試験問題（策問）への答案（対策）の意。要するに、「隆中でなされたご下問への答え」くらいの意味である。日本では一般に「天下三分の計」と言いならわされているが、その中身はごくあたり前のことで、計と呼べるほどのものではない。そもそも益州の地は、資源や農業生産力に恵まれているとはいえ、所詮は山の中の盆地である。荊州を加えたところで、長期戦になれば圧倒的に不利だ。諸葛亮の言いぶりも、短い期間のうちにけりをつけることが前提となっている。要するに、「天下三分」の形勢を定着させることを提案してはいないわけで、これを「天下三分の計」と称するのは、やや思い入れが過ぎよう。ただ、劉備が三度も足を運んでくれたことには、諸葛亮も感ずるところがあったらしく、のちにみずから「三たび臣を草廬（草ぶき屋根の庵）の中に顧みる」と回想している。それにちなんで、誠意を尽くして有能な人物を招くことを「三顧」「三顧の礼」などと言う。

この面会がきっかけで、劉備と諸葛亮は意気投合した。面白くないのは、関羽や張飛ら古参の部下たち。ところが劉備は、こう説いて聞かせたのだとか。

「わしに孔明があるのは、魚に水があるようなものだ（なお魚の水有るがごとし）。これ以上何も言ってくれるな」

これには関羽や張飛も、黙るしかなかった。この劉備の言から、水と魚のように切っても切れない親しい間柄のことを「水魚の交」という。そして二人は、死してなお、成都の街にともに祀られている。

蛟龍、雲雨を得る

龍が雲や雨に乗って天に昇るように、英雄がよりどころを得て活躍すること。零落すること は「蛟龍、雲雨を失う」という。『三国志』周瑜伝より

二〇八年秋、華北の曹操は、大軍を発して南下を開始した。目指すは荊州に拠る劉表。天下平定に大きく踏み出す一歩だ。

曹操軍の迫る中、劉表は病没。跡を継いだ劉琮は、臣下にそそのかされて、曹操に降伏してしまう。前線にいた劉備は孤立して、張飛・趙雲らの奮戦により、からくも南へと逃れた。曹操は長江に臨む要地・江陵（湖北省荊州）に入り、下流をうかがう構え。

他方、劉表死すの報は、孫権のもとにも届いていた。魯粛は孫権に言った。

「弔問を口実に襄陽に向かい、劉表の勢力を劉備に掌握させて参ります。そしてともに曹操にあたるべきです。急がねば曹操に先を越されましょう」

ところが、魯粛が襄陽に着かぬうち、劉備は敗走。出くわした双方は、夏口（現在の武漢）に入った。曹操軍が長江を下り出せば、江東は風前の灯だ。孫権が滅んだら、天下の趨勢は決する。さりとて、ここで防ぎ止めようにも、いかんせん兵が足りない。

諸葛亮と魯粛は、急ぎ孫権のもとへ向かい、派兵を求めた。ここでも諸葛亮は天下三分の利を説く。しかし群臣の議論は決しない。魯粛の勧めで、孫権は宿将の周瑜を呼び寄せた。すると周瑜はやる気満々。孫権は刀を抜き、目の前の机（当時は椅子がないので、背の低い小さなもの）を叩き斬って言った。

「この上ぐずぐず申す者があれば、この机と同じことになるぞ！」

決戦だ。孫権・劉備連合軍は、夏口から長江をさかのぼった赤壁（湖北省赤壁）の地で、曹操軍と対峙した。

周瑜の見立てでは、曹操軍は八〇万と号するものの、長旅に疲れた主力に新参の荊州の兵を合わせても、二〇数万がいいところ。とはいえ、孫権軍はたったの三万。いくら華北の兵が水上戦に不慣れでも、まともに戦って勝ち目はない。周瑜は火攻めを決意した。

決行の日。周瑜の部将・黄蓋の一〇艘の船が動き出した。そのすべてに、油を注いだ枯れ柴が隠されている。あらかじめ密書を送り降伏を申し出てあるから、近づいても曹操軍は警戒しない。すると突然、船が激しい炎を上げた。折からの強風にあおられ、曹操の船団に矢のように迫る。大きな軍船がひしめきあう曹操軍には、対処のしようがない。燃えひろがるところへ、周瑜と劉備が襲いかかる。大軍は壊滅し、曹操は命からがら逃亡した。

　こののち、孫権軍が東に主力を移しているあいだに、劉備は荊州を平定した。危機感を抱いた周瑜は、孫権に言上する。

「劉備ほどの者が、いつまでも人にしたがっているとは思えません。土地を与えたまま関羽・張飛と一緒にしておけば、蛟（みずち）や龍は雲や雨を得て（蛟龍（こうりょう）、雲雨（うんう）を得（う））、しまいには池の中のものではなくなりますぞ」

　蛟は龍の一種。「蛟龍、雲雨を得」とは、すぐれた人物がチャンスをものにすること。「龍の雲を得るがごとし」とも言う。これに近い「蛟龍、水を得」は『管子』にある言い回しで、孫権に通じなかったはずはないが、曹操討伐を優先する孫権は、この意見に耳を貸さなかった。

　周瑜はまもなく死去し、劉備が益州をも手中に収めるのを見ることはなかった。彼の予想したとおり、かつての「魚」はやがて龍となって、天に昇りはじめるのである。

赤壁。湖北省の省都・武漢の南にある名勝で、赤壁の戦いにちなんだテーマパークもある。赤壁の古戦場の場所は定かでないが、おおよそこのあたりであろうと考えられている。ただし、合戦の詳細はほとんど不明であり、『三国演義』に描かれたようすは、明を興した朱元璋(しゅげんしょう)が他勢力を破った鄱陽湖(はようこ)の戦いをモデルとしたのではないかといわれる。

呉下の阿蒙

いつまでも進歩しない人のこと。「阿」は親しみを示す接頭辞で、「阿蒙」は「蒙ちゃん」の意。『三国志』呂蒙伝注『江表伝』より

「蒙(もう)」とは、孫権の部将・呂蒙(りょもう)のこと。

少年時代、姉の夫・鄧当(とうとう)のもとに身を寄せていた呂蒙は、異民族討伐に出かける鄧当にこっそりついていき、母に叱られた。

「貧しいままではいられません。『虎穴に入らずんば虎子を得ず』です」

と言う彼を、鄧当の部下が、

「小僧っ子が、虎に肉をやるようなものだ」

と嘲笑すると、その者を斬りすてて逃走。自首したところ、鄧当の主君・孫策に気に入られ、そば近くに仕えることになった。

孫策は若くして死に、弟の孫権が跡を継いだ。孫権が部隊を統廃合しようとしたとき、小隊の長であった呂蒙は、部下たちのためにと、赤い衣裳と巻脚絆（すねに巻く布）をつけで買いもとめた。閲兵の日、赤ずくめのいでたちによって、よく訓練された呂蒙の部隊はひときわ目立った。喜んだ孫権は、呂蒙隊を増強の対象とした。

その後も出世を重ねたが、きちんとした教育を受けていなかったため、孫権の気をもませることもあったらしい。ある日、孫権が呂蒙に言った。

「そなたは重要な地位にある。もっと学問をしてはどうじゃ」

「軍中にあって職務に追われ、書物どころではありません」

「学者になれと言うのではないのだ。そなたは忙しくとも、わしほどではあるまい。わしも若いころから書物をひととおり読み、大いに役に立っておる。まずは兵書と史書だけにでも目を通してみてはどうか。そなたならば、きっと身になるはずだ」

それからのち、急逝した周瑜にかわって、魯粛が荊州方面の守りを担うことになった。任地に赴く道すがら、魯粛は呂蒙のもとを訪れ、酒を酌みかわした。呂蒙をあなどっていた魯粛は、酔いに任せて議論をふっかけてきた呂蒙を適当にあしらおうとして、逆にやり込められてしまう。それで驚いて席を立ち、呂蒙の背をぽんぽんと叩いて、

「わしはきみを武勇だけの人間だと思っていた。いまや何という学識の広さよ。もはや『呉の蒙ちゃん（呉下の阿蒙）』ではないな」

呂蒙はこれに対しても、

「士たるもの、別れて三日経てば、あらためて目を見開いて向き合う（刮目して相い待つ）ものです」

とやり返した。一向に進歩しない人間を「呉下の阿蒙」と言うのは、この逸話による。

赤ずくめの一件からわかるように、呂蒙はもともと機転が利いたようだし、文書の作成は口述筆記に頼ったというから、学をつけたといっても、いわゆる「お勉強」ではなかったらしい。呂蒙の変化を間近に見ていた孫権も、その長じてなお自己を高めようとする態度や、学びによる見識の広がり、

自制心の獲得といった点を評価している。仁愛と規律を重んじる姿勢は敵方をも感服させ、それによってついには関羽をとらえ、荊州を孫権にもたらしたのだった。

学問には「心」がともなわなければ話にならない。理念や理屈ばかりではだめだ。

荊州古城。関羽亡きあと、荊州の地は曹操と孫権によって分割された。長く荊州の中心であった江陵には、かつて楚の国の都がおかれていた。明代に大胆な改革をおこなったことで知られる政治家・張居正（ちょうきょせい）は、この地の出身。現在はこの街自体が荊州と呼ばれ、明清時代に修復された城壁が、多くの観光客の目を楽しませている。

鶏肋

――役には立たないが、捨てるには惜しいもの。『三国志』武帝紀注『九州春秋』より――

曹操の幕下に、楊修という人物がいた。頭の回転が速く、才知を伝える逸話がいくつも残っている。「鶏肋」はそのうちのひとつ。

益州を押さえた劉備は、二一九年、漢中王を称した。もちろん、かつて漢中王だった**劉邦**（↓**大逆無道**）を意識してのことである。そして劉備軍は、**「隆中対」**（↓**水魚の交**）で諸葛亮が提案したとおりに、東の荊州と西の漢中で一度に攻勢に出た。

漢中では曹操の将・夏侯淵が斬られ、曹操みずから漢中に出馬したものの、戦況は好転しない。そこで曹操、ひとこと「鶏肋（ニワトリのあばら骨）」と言った。みなあっけに取られる中、楊修はひとり帰り支度をはじめる。人に問われ、種明かしする楊修。

「鶏のあばらというものは、捨てるにはもったいないけれど、さして食いでもない。漢中もそんなものだ、との仰せである。魏王さま（曹操）は撤退をお望みだ」

わかる方もわかる方だが、言う方も言う方で、二人ともこんなふうに生きていて楽しいのかと心配になる。史書によれば、曹操も楊修も、のべつこの調子だったらしい。曹操がだんだん楊修を疎(うと)んじるようになったのも、無理はないだろう。

しかも楊修は、立ち位置もよくなかった。曹操の卞(べん)夫人には四人の男子がいて、とくに三男の曹植(そうしょく)は、文才ゆえに曹操に愛されていた。太子は長男の曹丕(そうひ)に定まったが、そののちも曹植を支持する一派がいて、曹操死後の争いの火種とならないか、危ぶまれる状況となっていた。その曹植派の中心人物のひとりと目されていたのが、楊修だったのである。

曹操にとって楊修が目ざわりになった理由のひとつとして、『世語(せいご)』という書物は、こんなエピソードを紹介している。楊修はいつも曹植のもとにあり、近々曹操がどんなふれを出すかを想定して、あらかじめ答案を束にして用意していた。ふれが出るつどそれを順番に提出させたため、対応が早すぎることを怪しんだ曹操によって取り調べられ、楊修の関与が発覚した。そののち、楊修は徒党を組んだかどで処刑されたという。楊修が死にいたった経緯について、一般にひろく信じられているのはこれだ。

一方、『後漢書』は、似た話を違ったかたちで伝える。それによると、楊修は先に準備した回答集を家来に渡し、下問があれば順序どおりに提出せよと言いわたしていた。即応が続くことが三度にも及んだので、調べたところ経緯が明らかになり、曹操は楊修を嫌うようになったのだという。楊修のやったことは同じだが、曹植はまったく出てこない。だから『後漢書』は、楊修が殺された理由を、曹操の旧敵の甥だったためだと述べている。

『世説新語（せせつしんご）』の注に引かれた書物では、さらに尾ひれがついている。楊修は、提出した意見書の内容の詳細について曹操が尋ねるのに備え、回答文を何枚かの紙に書いておき、順に提出するよう門番に頼んでおいた。ところが風が吹いて、紙が飛ばされてしまう。正しい順序などわからない門番が適当に渡したところ、ことが発覚し、曹操の怒りを買ったのだという。話としてはいちばんよくできているが、紙が出てくるあたりからして、後世の脚色が疑われる。ただ、ここにも曹植への言及はない。

おわかりだろうか。右で挙げたのはいずれも、三世紀後半から五世紀ごろに成立した書物で、ものの本にそれらしく引用されると、どれも史料的価値が高そうに見えるものばかりである。しかし、その主張はだいぶ違う。しかも『世語』は、かねて問題が指摘されて久しい、いかがわしい書物である。楊修が曹植を支持していたことは、その他の史料からも確からしいが、この一件をも曹植との関係に結びつけてよいのか、疑問は残る。

こんな些細なことについても、かようにややこしいのだ。適当にそれらしい材料だけをもち出して、面白おかしく、あるいは都合よくまとめただけの物語は、歴史叙述とは言えない。歴史家も、受け手も、双方の情報リテラシーが試されている。

七歩の才

―詩や文章をきわめて短い時間で作り出す才能のこと。『世説新語』文学より―

劉備の攻勢は、**曹操と結んだ孫権が荊州の関羽を倒したこと（↓呉下の阿蒙）**で、あえなく失敗に終わる。翌二二〇年に曹操は没し、曹丕は漢の皇帝から位を譲り受けて、魏の国を興した。これに対抗し、翌年、劉備は蜀の地において漢の皇帝に即位したことを宣言する。魏は孫権に呉王の位を与え、こうして魏・漢・呉が鼎立する形勢となった。劉備が継承した漢は、それ以前の漢王朝と区別して、一般には「蜀」とか「蜀漢」と呼ばれる。

曹丕が皇帝となったのち、曹植は王に封ぜられたものの、国がえで各地を転々とした。監視も厳しいから、人づきあいさえままならない。不遇と孤独は深酒を招き、さらに悪評が立つ。曹丕は曹植を呼びつけた。

「七歩あるくあいだに詩を作れ。できなければ、法に照らして処分する」

このとき曹植が作ったとされる「七歩詩(しちほのし)」。

豆を煮て持って羹(あつもの)と作(な)し　菽(まめ)を漉(こ)して以て汁と為(な)す
萁(まめがら)は釜の下に在って燃え　豆は釜の中に在って泣く
本(も)と同じ根より生じたるに　相い煎(い)ること何ぞ太(はなは)だ急なる

豆を煮こんで汁物をつくる。釜の下ではまめがらが燃え、中では豆が熱がって泣く。同じ根っこから出たのじゃないか、何でこんなにいじめるんだい。弟を痛めつける兄への抗議、嘆きである。すぐれた詩文をすばやく生みだす才能を「七歩(しちほ)の才」と呼ぶのは、この逸話による。もっともこの「七歩詩」は、後世の偽作であるらしい。確かに、寓意(ぐうい)というより嫌味たらしく、曹植らしくない。

このエピソードでは曹植の詩才を試している曹丕だが、彼自身も、また彼らの父・曹操も、名高い文人であった。後漢末の建安(けんあん)年間（一九六〜二二〇）、曹操親子三人の周辺には詩文にすぐれた人々たちが集まり、「建安文学」と呼ばれる新しい文学が花開いた。中でも主だった七人は、「建安(けんあん)の七子(しちし)」と称される。彼らは叙事よりも感情や思想を歌い上げることを重視し、対句(ついく)や押韻(おういん)をいっそう洗練させ、定型詩の隆盛の基礎を築いた。

曹操や曹丕の詩にもそれぞれの魅力があるが、建安文学をただひとりをもって代表させよといわれれれば、多くの人は曹植を選ぶのではないか。曹植の詩は大胆かつ繊細、描写力にすぐれ、題材もバラエティに富む。「野田黄雀行」はよく知られた作品のひとつ。

高樹　悲風多く　海水　其の波を揚ぐ
利剣　掌に在らずんば　友を結ぶ　何ぞ多きを須いん
見ずや籬間の雀　鷂を見て自ら羅に投ず
羅家　雀を得て喜び　少年　雀を見て悲しむ
剣を抜いて羅網を捎むれば　黄雀　飛び飛ぶを得たり
飛び飛びて蒼天を摩し　来たり下りて少年に謝す

高いこずえに吹きつける風。大海原に湧き起こる波。わたしの孤独は、ちっぽけでない。胸のうちの海が、ざわめき立つのだ。この手に力がないのなら、たくさんの友はふさわしくない。ほら、剣を抜いたあの若者は、網のスズメを逃がしてやった。スズメは天まで飛び上がり、また下りてきて礼を言う。しかしわが身のざまはどうだ。楊修も、ほかの者たちも、助けてやれはしなかったのだ。やはりこんなわたしには、孤独こそがふさわしいのか……。

人はこんなふうに、孤高を歌えるものだろうか。そして失意の曹植は、わずか四一歳で、ひっそりと世を去ったのだった。

金鳳台跡。210年代、曹操が本拠地の鄴（河北省邯鄲）に築いた3つの台のうちのひとつ。曹操がここで息子たちに賦を競作させたとき、曹植はたちどころに仕上げ、そのできばえは曹操を感心させたという。このとき曹丕が作った賦も伝わっている。建築物は現存せず、金鳳台の基壇が残るのみである。

泣いて馬謖を斬る

―全体の秩序を守るため、やむなく大切な人をきりすてること。『三国志』馬謖伝より―

荊州の事情に通じていた諸葛亮は、荊州の人材を多く引き立てた。もともと外部から入ってきた劉備の勢力が、荊州を安定的に支配するためには、在地の有力者の協力が欠かせなかったということだろう。

劉備に仕えた荊州出身者の中でも、馬良（ばりょう）はとくに有名である。諸葛亮は、劉備にしたがって蜀（しょく）（益州）に赴くとき、後事を馬良に託している。馬良の五人兄弟はみな優秀で、中でももっともすぐれていた馬良は、眉毛に白い毛が混じっていることから、「白眉」と呼ばれていた。これにちなみ、いまでも選りすぐりのものを「白眉」と言うが、「白眉」が馬良を指すと知る人は、そう多くはあるまい。後世に名が残ったのは、末弟の馬謖（ばしょく）の方である。

馬謖は軍略を論ずるのが好きだったと伝わる。荊州に残された兄とは異なり、劉備とともに蜀に入った。諸葛亮の信任はとりわけあつく、劉備はこれを戒めて、

「馬謖は口先ばかりの男だ、重く用いてはならない」

と遺言した。ところが、諸葛亮はあるじの言いつけにそむき、しょっちゅう馬謖を引見しては、長時間語り合っていた。

劉備の死から五年。諸葛亮は漢中から北へ兵をくり出し、西に迂回して祁山（甘粛省隴南）に布陣した。魏の反撃をどう防ぐか。軍議では何人かの宿将の名が出たが、諸葛亮はこうした意見を退けて、馬謖に北の街亭（甘粛省天水）を守らせた。馬謖は将としての経験は乏しいものの、軍略マニアだから、任せられると考えたのだろうか。ところが、なまじ自信だけはある馬謖、部下の王平の諫めも聞かず、山の上に陣取った。果たして、手練れの魏将・張郃に水の手を断たれ、さんざんに打ち破られて、漢軍は進むに進めなくなってしまった。

馬謖は敗軍の将として、法に照らして処刑されることになった。馬謖は、

「父と思ってあなたさまにお仕えして参りました。どうかこれまでのよしみに免じて、子どもたちをよろしくお願いいいたします」

と諸葛亮に書き送って死んだ。まだ三九歳であった。

すでにことが済んだのち、都の成都から使いがやってきて、諸葛亮に言った。

「天下がいまだ定まらぬうちに、智謀の士を処断なされたのは、まことに残念なことです」

孔明は涙を流しつつ、

「孫武が勝利を収めることができたのは、**法の適用が厳格であったからである**（↓将、軍に在れば君命も受けざるところ有り）。天下が乱れているにもかかわらず、法をおろそかにしていては、どうやって賊を討つことができようか」

この事件から、決まりごとを守るために大切な人をきりすてることを、「泣いて馬謖を斬る」と言うようになった。

翌年、孫権は魏から自立して、呉の皇帝となった。漢はこれと同盟して、魏に対抗した。諸葛亮は北伐をくり返したものの、魏の名将・司馬懿にはばまれて成功せず、二三四年、五丈原（陝西省）において陣没した。曹植の死に後れること二年。これ以降、漢の国威はふるわなくなっていく。

白眼視

軽蔑して冷たいまなざしを向けること。『世説新語』簡傲注『晋百官名』、『晋書』阮籍伝より

軽蔑、嘲り（あざけ）などの意をこめて、他人を冷淡な目で見ることをいう。「白眼視（はくがんし）する」と動詞にして使うことが多いが、今日では「白い眼で見る」の方が一般的だろうか。

党錮（とうこ）（↓**登龍門**）などを契機として、心ある知識人たちは官界での栄達に見切りをつけ、世相と距離をおく生き方を選択するようになっていた。そうした人々には、国家権力と結びついた儒学より、より自由な**老荘思想**（**道家の流れをくむ思想**）（↓**騏驥（きき）の馳せて隙を過ぐるがごとし・庖丁、牛を解く**）がふさわしい。時代に合った表現形式の土台として、**建安文学**（↓**七歩の才**）が切りひらいた新しいスタイルも用意されていた。そんな中、魏（ぎ）の政治が混乱し、臣下である司馬（しば）氏の専横がすすめば、俗世間を離れて酒を飲み、詩を詠み、談論に興ずる人々があらわれるのは無理もない。そのうち代表的な七人を、「竹林（ちくりん）の七賢（しちけん）」と呼ぶ。彼らがいつも竹林で集まって飲んでいた、という伝説からだ。

竹林の七賢の主要人物・阮籍（げんせき）は、建安の七子のひとり・阮瑀（げんう）の子である。世にはびこる虚礼（きょれい）がよほ

どお気に召さなかったらしく、常識にそむく振る舞いを重ねた。愛するのは酒と琴。とくに酒への執着はひとかたでなく、歩兵部隊に酒がたくさんあると聞きつけるや、みずから志願してその隊長に転任したほどだ。白眼（しろめ）をむくのが特技で、礼儀正しい人物は俗物とみなし、白眼のまま接した。司馬懿の子・司馬昭（しばしょう）の幕僚（ばくりょう）だったとき、母を殺した子がいると聞いた阮籍は、

「父を殺したのならまだよい。何と母を殺すとは！」

と嘆いた。父殺しは主殺しと同じ、天下の大罪だ。司馬昭が問いただすと、

「けものは母は知っておりますが、父は知りません。父を殺すのは、けもののようなものです。しかし母を殺すとなると、けものにも及びません」

だから阮籍にとって、母は大切だった。ただし、その愛情表現もやはり浮世離れしている。母が臨終の床にあるとき、酒を片手に賭け碁を打ち続け、相手がよそうと言っても聞き入れない。飲むだけ飲んで、ひと声叫び血を吐いた。葬式の日も豚肉を食らい大酒を飲み、大声をあげて吐血した。そして、弔問客にも酔ったまま対応する。嵇喜（けいき）がやってくると、阮籍は白眼をむいたので、嵇喜は不満そ

うに帰った。ところが、琴をひっさげ酒を手にした嵆喜の弟・嵆康（同じく七賢のひとり）の姿に大喜びし、黒目に戻ったのだとか。

こんな奇行にも、実はわけがある。礼を無視することは、礼を知っている者にしかできない。昼日中から酒を飲んでいられるのは、元手があるからだ。早い話、学問もカネもある、良家のおぼっちゃんなのである。それは、足を引っぱる人間の存在を意味する。

阮籍をおとしいれようとした野心家の鍾会は、失言を狙って、しばしば時事ネタを振った。が、阮籍がいつも酔っぱらっているので、うまくいかなかった。やがて鍾会は、魏の将軍として蜀漢を滅ぼしたのち、蜀の地で自立をはかり、失敗して命を落とした。才気も地位もある人物は、酒でも飲んでいなければ、いつそんな動きに巻きこまれるか、わからない時代だったのだ。実際に嵆康は、鍾会の讒言によって処刑されている。

引き立ててくれる司馬昭だって、どこまで信用なるものか。司馬昭が息子の司馬炎の縁談を阮籍にもちかけようとしたとき、事前に察知した阮籍は、ひたすら飲んで酔い続けること、何と六〇日にも及んだ。文字どおり、話にならない。結局、話題にすらのぼらぬまま、この件はお流れとなった。ここまでくると、酒はもはや世渡りの武器である。

しかし、こんな酒は、哀しい酒だ。人に哀しい酒を飲ませる時代も、また、哀しい時代である。

漱石枕流

――無理にこじつけること。強情なさまをいう。『世説新語』排調より――

無知や過ちを認めることができず、その場しのぎの苦しい言いわけをした記憶が、どなたにもきっとおありのことと思う。とくに見栄をはるつもりがなくても、素直に「知らない」「間違っていた」と告白するのは、勇気のいるものだ。このあたりのむずかしさは昔から変わらないものらしく、古典落語にも「やかん」「千早振る」「転失気」など、わけ知り顔で説明をこじつける噺がたくさんある。これはそんな物語のひとつ。

魏の官吏の登用は、世評にしたがって人を取り立てる、九品中正の制度によっておこなわれていた。まず中央政府は、各地方に人材を調査・推薦する中正という役職の官を派遣する。中正は管轄地域内の人物の評判を調べた上で、九つのランク（品）のうちどのあたりにあたるか「品定め」して、政府に報告する。政府はそれにもとづき、地方から集めた人材を、ランクにふさわしい官職につけるのである。要するに、**後漢末に民間に広まった人物の評判を重視する風潮（↓登龍門）**を、国家の制度に取り込んだわけだ。能力や人格の聞こえたものを抜擢するために考え出されたしくみだったが、家柄がある者でないと評判は立ちにくいから、ほどなくして地方豪族の家柄番付と化し、骨抜きになってしまったといわれている。ただ、家柄だけがよくても、才能や性格によほど問題があると、それはそれで難儀することはあったようだ。

太原（山西省）の人・孫楚（そんそ）は、祖父も父も高官にのぼった名家の出で、並はずれた文才をもち、さっぱりした気性の人であった。一方、お高くとまったところがあり、世間の評判はよくなかった。そのためなかなか仕官できなかったが、それをすねたのか、あるいはもともと世俗が嫌いだったのか、ともかく本人は、若いうちから隠居志向を口にしていたらしい。ただひとりの親友だった同郷の王済（おうせい）に、こう語っている。

「石に漱（くちすす）ぎ、流れに枕（まくら）する（漱石枕流（そうせきちんりゅう））暮らしがしたいのだ」

この当時、隠遁（いんとん）生活を「石に枕し、流れに漱ぐ」と表現することがあった。なるほど、山奥での暮らしを思わせる言葉だ。たぶん孫楚は、それを言い間違えたのだろう。王済は訊（き）き返してみた。

「流れに枕したり、石に漱いだりできるのかい」

すると孫楚、

「流れに枕するのは耳を洗うため、石に漱ぐのは歯をみがくためだ」

「耳を洗う」にはいわれがある。伝説上の帝王・堯が、徳の高い許由に帝位を譲ろうしたとき、いやな話を聞いたと、許由が耳を洗った故事をふまえているはずだ。しかし、「石に漱ぐ」というのは意味がわからない。言いわけとしては、やはり失敗の部類だろう。

この逸話から、無理なこじつけをするとか、負け惜しみして強情を通すとかいう意味で、「漱石枕流」あるいは「枕流漱石」と言うようになった。夏目漱石の「漱石」という号がここから取られたことは、よく知られている。さらに興味深いことに、日本ではこのエピソードにちなんで、「さすが」を当て字で「流石」と書くようになった。この苦しい言い逃れに感心する、素直な御仁がいたわけだ。

王済が中正にかわって孫楚の推薦文を書いたと伝わっているので、その甲斐あってのことだろうか、孫楚は四〇歳を過ぎてから、ようやく官途につくことができた。東方の前線にあって呉に備える将軍・石苞のもとで働いたが、上官の石苞に対しても不遜な態度で臨み、険悪な間柄であったという。それでも辞職しなかったところをみると、結局は隠居暮らしより役所づとめの方が好きだったのか。解しかねる人物である。

魯魚の誤

―よく似た文字を書き誤ること。『抱朴子』遐覧より―

司馬炎は魏の皇帝の位を奪い、晋（西晋）を建国した。晋は呉を滅ぼして天下を平定したが、ほどなくして外戚がのさばり出し、それが収拾されると、次は司馬氏一族の諸王が抗争をくりひろげるようになった。混乱が続く中、それまで外国人部隊の扱いを受けていた遊牧民族が自立・叛逆し、四世紀のはじめに晋は滅んだ。まもなく、かつての呉の都・建康において晋王朝が復興され（東晋）、長江流域を支配下においたが、華北はさまざまな民族の戦乱の場となった。結局、後漢末以来の世の乱れは、百年以上経っても、いっこうに改善されなかったわけである。

こうなると、豪族も隠棲を決めこんでいるだけではすまなくなる。集落や農地の守りを固めたり、村をあげて山間に移住するとかいうだけでなく、大挙して長江流域に逃げ込むことも起こるようになってきた。と同時に、世の中に安住の場を求めることをあきらめ、別天地とか来世に期待する動きも目立ってくる。

四世紀はじめの葛洪が著した『抱朴子』は、仙人になるためのてびきを記した書物として名高い。

さまざまな実践項目のうち、重きをおかれているのは、不老長寿を得る薬・丹薬をつくる「練丹術」である。材料として各種の鉱物が用いられたことから、練丹術は化学的な知見をもたらし、のち、**世界最初の火薬を中国に誕生させることになる**（↓運用の妙は一心に存す）。

しかし秘術を尽くしたところで、そう簡単に不老長寿が得られないことは、葛洪自身がいちばんよくわかっていたとみえる。その焦りをふともらした、こんな一節が面白い。

「神が授けたしるしにしたがってもききめが少ないのは、伝写に誤りが多いからである。ことわざに『書三たび写せば、魚は魯と成り、虚は虎と成る』というのは、まさにこのことである」

なかなか仙人になれないのは、書物の中身が嘘なのではなく、写し間違いがあるせいだというわけ。「魯」と「魚」、「虚」と「虎」、確かに似ている。「存在」を「在存」としてしまったり、「恋し」かったはずがいつの間にやら「変し」くなっていたりというのは、誰しも身に覚えのある話だ。こうした誤記を「魯魚の誤」と呼ぶのは、ここからきている。

何百年、ものによっては千年二千年と転写・翻刻を繰り返されてきた中国の書物には、写本・版本ごとにおびただしい文字の異同がある。その考証ぬきには、充分な理解はもちろん、ときには読むことさえままならなくなるため、テキストを引きくらべて考える「校勘」を専門的におこなう学問さえある。文献史学にとって校勘は命なので、葛洪のぼやきは身につまされる。気の毒なことに、『抱朴子』の「虚は虎と成る」も、いくつかの版本には「帝は虎と成る」とある。ああ。

ここで笑えない話をひとつ。一六三一年、ロンドンで出版された聖書に、こんな文言があった。

"Thou shalt commit adultery."

「汝、姦淫せよ」。もちろん、「モーセの十誡」第七誡「汝、姦淫するなかれThou shalt *not* commit adultery」の誤り。あろうことか、いちばん大事なnotが脱落してしまったのだ。業者は処罰され、「姦淫聖書」もほとんどは焼却されたが、わずかに残った数部が、現在も世界各地の博物館などに収められている。

竹馬の友

―むかし一緒に竹馬で遊んだ、幼なじみのこと。『世説新語』品藻・方正より―

南へ追いやられた晋王朝にとって、華北の奪還は悲願であった。しかし東晋の政情も混沌とし、内乱の鎮圧に追われるなどして、好機はなかなか訪れなかった。

そんなときに颯爽とあらわれたのが桓温である。彼は荊州方面の軍事権を掌握すると、西の蜀の攻略をはかった。蜀には西晋の終わりごろから独立政権が出現していたが、その勢力がおとろえたところを突こうと考えたのである。

荊州から長江をさかのぼって蜀に入るには、断崖絶壁の続く三峡を通過することになる。そのとき軍中のひとりが、子猿をつかまえた。母猿は哀しい声をあげて、岸ぞいに船を追いかけてくる。もっとも岸とは名ばかり、どこまで行っても、きびしくそそり立つ岩壁だ。いかに身軽な猿であっても、ただで済むはずがない。とうとう船に跳びうつってきたものの、そのまま絶命した。その腹を破ってみると、腸がいたるところでちぎれていた。これを聞いた桓温は怒って、この者の身分を落としたという。非常につらい思いのことを「断腸」と表現することは曹丕（↓七歩の才）の詩にすでにみえるが、子を思うこの「断腸の猿」の逸話は、それ以上に有名である。

さて、蜀を押さえた桓温の威勢は、大いに高まった。これを警戒した建康の朝廷は、声望の高かった殷浩を抜擢し、桓温に対抗させた。北伐を求める桓温からの矢の催促にも、殷浩は取り合わない。殷浩と親しかった**王羲之（↓濫觴）**は心配して、桓温と仲良くするよう勧めたが、殷浩は聞き入れなかった。

そうこうするうち、桓温が武力に訴えてでも北伐を実現する覚悟を見せると、朝廷もいよいよ重い腰をあげざるを得なくなった。ただし指揮を執るのは、桓温ではなく殷浩である。王羲之はこの北伐にも反対したが、殷浩は振りきった。いざ出陣というとき、殷浩が馬から落ちたのを見て、朝廷の人々は不吉な予感にとらわれたが、その懸念は的中する。殷浩は惨敗して戻った上、それ見たことかと、桓温がこれをつぶしにかかったのだ。朝廷は、殷浩の官位を剥奪せざるを得なくなる。桓温は周囲に言った。

「幼いころ、殷浩と竹馬（竹竿を馬に見たてた遊具）で遊ぶと、いつもわしが乗りすてるたび、あいつはそれを取って乗っていた。わしの下に落ちるのも当然じゃ」

まったく、とんでもない「竹馬の友」もあったものだ。しかしこの時代、幼なじみが争い合うのは、決して彼らの場合だけではなかった。

魏において司馬氏の政敵であった諸葛誕が、謀反のとがで一族皆殺しになったとき、その子・諸葛靚は呉の人質になっていて助かった。晋が呉を滅ぼしたのち、皇帝となった司馬炎は、旧友の諸葛靚にどうしても会いたくて、策を弄して望みをかなえた。しかし、

「そなたは竹馬の好を覚えているかね」

との司馬炎の尋ねに、諸葛靚が、

「父の仇討ちを遂げられず、今日ふたたびご尊顔を拝することとなりました」

と応ずると、恥じて退出したという。

三峡。直轄市の重慶から湖北省の宜昌にいたる、200キロも続く大峡谷である。2009年に三峡ダムが完成して水位が大きく上昇し、かつての景観は失われたが、もともと非常に深い渓谷であったことから、現在でも壮大さを保っている。写真は1996年に撮影したもの。

草木皆兵

―目に入るものがみな敵兵に見えるほどびくびくすること。『晋書』苻堅載記下より―

殷浩の追放に成功した桓温は、幾度も軍勢をくり出して長安に迫り、さらには洛陽を奪還した。大功をあげた桓温は、厚遇されて位人臣を極め、ついには帝位をうかがうほどになる。その野望を阻んだのが、かつて王羲之と蘭亭に集った**謝安**（↓**濫觴**）だった。

そのころ北方では、秦（前秦）の苻堅が勢力を拡大し、とうとう華北を統一した。すでに桓温を失っていた晋は、しだいに劣勢となり、成都も襄陽も秦に奪われてしまう。そして三八三年、苻堅みずから大軍を率いて南下を開始し、晋の首都防衛の要であった寿春（安徽省淮南）を攻め落とした。建康の朝廷は動揺する。

全軍の総帥となった謝安に指示を仰ごうと、一族の謝玄が訪ねてきた。しかし謝安は、まともに返事をしない。それどころか、外出しないかと言い出した。誘われるまま野に出ると、今度は別荘を賭けて賭け碁をするという。いつもなら謝安には負けない謝玄だが、この日はびくついているから、まったく勝てない。謝安はそばにいた甥に声をかけた。

「別荘が手に入った。おまえにくれてやろう」

謝安は、前線で指揮をとる謝玄の度胸を試し、心の乱れを自覚させたのである。夜まで遊んで帰ると、謝安は諸将に陣立てを申しわたした。

一方の苻堅は、敵をあなどっている。晋側はそのゆるみを突き、小隊に夜討ちをかけさせて、秦の分隊をさんざんに打ち破った。どうも思っていたのと違う。苻堅が寿春の城から晋の陣を眺めると、整然さといい精強さといい、何ともみごと。目を北に転じて、後方の八公山を望むや、そばにいた大将の苻融(ふゆう)に、ふと弱音をもらした。

「ここにも晋の兵がおるではないか。敵は小勢などではないぞ」

そんなはずはない。八公山の草や木が、敵兵に見えたのである。この逸話から、見るものすべて敵に見えるようなおびえぶりを「草木皆兵(そうもくかいへい)」と言う。

まともにやりあう気が失せたのか、苻堅は自軍の勢威を敵に聞かせようと、朱序(しゅじょ)を晋軍のもとへ派遣した。この朱序、かつて襄陽で秦に降(くだ)った晋の将である。出自や経歴を問わず人を登用することを旨としていた苻堅は、こういう手合いも生かして使ったが、それが仇となった。朱序は晋の将軍たちに、秦の全軍が結集できていないいまが好機だと告げたのである。晋軍は淝水のほとりに陣を進め、決戦を挑むことにした。

秦軍は、後続まで合わせれば、総数は百万以上にも及ぶ。寿春に籠城して全軍の到着を待ち、ともに晋軍をおしつぶす選択肢もあった。しかし苻堅は、わざと陣を退げて晋軍に追撃させ、敵が淝水を越える途中を奇襲しようなどと、半端な策をめぐらした。

退却の命令が下る。末端の兵士たちには、計略だと知る由もない。じりじりと動きはじめたところで、後方にいた朱序が呼ばわった。

「苻堅が敗れた！」

秦軍は一気に総崩れとなる。違うのだ、これは計略だと、苻融は陣中をふれまわったが、逃げまどう大軍に巻き込まれて死んだ。あたりは死屍累々となり、淝水の流れが止まったという。苻堅は矢傷を負い、単騎で逃亡。夜道をひた走る敗残の兵たちは、風の声や鶴の唳にもおびえるありさまだった。この「風声鶴唳」も、「草木皆兵」と同じ意味で用いられる。

謝安のもとには、謝玄から書簡が届いた。碁を打っていた謝安は、読み終えてもものも言わず、そのまま対局を続けた。尋ねる相手に、晋の勝利を伝えたものの、顔色ひとつ変えない。ところが客を

寿県から望む八公山。古都・寿春は、淝水が淮河に注ぎこむ交通の要衝にある。かつて楚の**春申君**（→囊中の錐）が治めた地である。八公山の名は、漢の武帝にたてついた淮南王劉安（→夜郎自大）が『淮南子』を編纂させた八公（8人の学者）にちなむ。宋代に築かれた寿春の城壁にのぼると、静かに流れる淝水の北岸に、八公山がゆったりと横たわっている。

見送って中に入ると、喜びのあまりどこかで踏みはずしたのだろう、屐（げた）の歯が折れているのに気づいたという。

蛍雪

苦学すること。灯りをともせずとも、蛍の光や雪明かりによって、夜まで勉強を続ける意。
『文選』任昉「蕭揚州の為に作れる士を薦むる表」注『続晋陽秋』『孫氏世録』より

蛍の光、窓の雪。「蛍の光」を卒業式で歌う学校はもうほとんどないだろうと思うが、いまでも閉店時間を告げるメロディーとして流されているから、聞いたことがない人は少ないはずだ。もっとも、スコットランドを代表する歌「遠かりし日々*Auld Lang Syne*」の旋律に、原詩と無関係の日本語歌詞をつけたのが「蛍の光」だから、メロディーだけでは「蛍の光」とは言えないが。

東晋の車胤（しゃいん）の父は、郡の書記官だった。長官は人を見るのが得意で、幼い車胤の様子を目にして、

「これはきっと大物になる。学業に専念させるがよい」

と予言した。車胤も期待に応えて励んだが、何しろ家は貧しく、いつも油が買えるわけではない。それで夏になると、絹のふくろに蛍を数十匹も入れ、その明かりで夜を日についで勉強したという。こ

れが「蛍の光」という歌詞の文句の由来である。おかげで評判になり、荊州の桓温に召し出されて、そのもとに仕えた。その後も官界でどんどん出世し、朝廷でも評判になった。

当時の風潮として、低い身分から身を起こした者は必ずしも尊ばれなかったが、車胤は博学にして眉目秀麗であった上、機転が利いたことから、とくに宴会では喜ばれたらしい。集まりに車胤がいないとつまらないとさえ言われ、謝安はいつも車胤のために席を空けて待っていたのだとか。余計なお世話ながら、それはそれで気苦労が多かったのではと同情する。やがて名門の子弟を教育する立場となり、ついには人事権を握る重任を任されたが、皇族・司馬元顕の非行を告発しようとして露見し、自殺に追い込まれた。

司馬元顕は権力を私物化して政治の混乱を招き、民衆の不満が爆発した。反乱は将軍・劉裕らの活躍で鎮圧されたものの、そこへ荊州から桓温の子・桓玄が攻め寄せてきた。司馬元顕は殺され、桓玄は帝位を譲り受けて皇帝となった。しかしまもなく劉裕がこれを排除、朝廷の実権を握り、やがて自身が皇帝に即位して、宋（劉宋）を開く。以降、建康を都として交替した宋・斉・梁・陳の四王朝を南朝と呼び、南朝と同じく建康に拠った呉・東晋を含めた六つの王朝を六朝という。

劉宋の初期に活躍した孫康は、やはり貧しい家の出身で、油を買うことができなかった。それで雪明かりで本を読み、のちに高位にのぼりつめた。車胤とは異なり孤高の人で、集会の類を好まなかったという。「窓の雪」以外の事績が伝わっていないのも、無理からぬことかもしれない。

建康の南朝に対して、五世紀なかばごろから六世紀後半にかけて華北を支配した諸王朝を北朝と総称する。南北朝時代（四三九～五八九）は貴族制の時代ともいわれ、高位高官は家柄のよいものによって占められたが、車胤や孫康のように、実力でチャンスをつかむ者がいなかったわけではない。劉宋を建てた劉裕も、名門の出ではなかった。

南朝の斉から梁にかけて活躍した任昉も、文才と人望によって出世した人物である。彼は斉の皇族に人材を推薦する文章の中で、貧困のうちに苦学した王僧孺の努力を、「雪窓蛍几（雪の窓と蛍の机）」とたたえている。この「雪窓蛍几」は、のちに「蛍窓雪案（蛍の窓と雪の机）」と言われるようになる。「蛍や雪で夜も明るい、窓や机（のある勉強部屋）」の意だから、決して間違いではないのだが、文字の組み合わせだけを見ると、「雪窓蛍几」に比べて落ちつきが悪いようだ。ただし、一般に通りがよいのは、より簡略な「蛍雪」「蛍雪の功」の方である。

中国において実力競争が官吏登用の主流になるまでには、のち六百年ほどの時間を要するのだが、そうした時代はある日突然に訪れたのではなく、車胤や孫康のような多くの人々の苦労の積み重ねによって、ゆっくりと切りひらかれたものだ。そんな歴史的背景を知ると、「蛍雪の功」のエピソードも、一代の立志伝とはまた違ったものとしてみえてくる。

桃源郷

―俗世から隔絶した理想郷のこと。陶淵明「桃花源記」より―

東晋末期の政治の腐敗・目まぐるしい権力交替と、それにともなう社会の混乱は、一方では実力で擡頭する劉裕のような存在を生んだが、世を避けて隠棲する人も少なくなかった。「帰りなんいざ（帰去来兮）」の書き出しで知られる「帰去来の辞」は、陶淵明が官職をなげうち故郷へ戻るにあたって記したもの。没落した家に生まれ、桓玄や劉裕のような野心まるだしの上官に仕えた陶淵明にとって、官界は居心地のよいものではなかったのだろう。そののちの生涯を、鋤を手に、酒を友として、田園に送った。そんな陶淵明の代表作のひとつ「桃花源記」に、不思議な話が記されている。

渓流をさかのぼるひとりの漁師、ふと気がつくと、見わたすかぎりの桃の花のうちに迷い込んでいた。どこまで続くのか、誘われるように奥へと漕ぎ進むと、流れが尽きた山の中に、光のもれる穴がある。舟を捨てて、せまい道を数十歩も行ったろうか。眼前にいきなり、広々とした豊かな村があらわれた。漁師の姿を見つけた村人たちは、びっくりした様子で、どこから来たのかと尋ねる。詳しく答えると、酒とごちそうでもてなしてくれた。何でも秦の時代、世を避けてここに住みついてから、村の者は一度も外に出たことがないのだと言う。だから漢のことも、魏や晋のこともわからない。せがまれるまま漁師は幾日もとどまり、外の世界のことを語り聞かせた。道々しるしをつけながら帰り、このことをいろんな人に話したが、誰も二度とたどり着くことができなかったということである。

桃の花の咲きみだれる水源にある別天地「桃花源」は、今日では「桃源」と略称され、日本では「桃源郷」と呼ぶことが多い。ただし、陶淵明は桃源郷の物語を、完全なフィクションとして描いてはいない。時代は晋の太元年間（三七六～三九六）というから、かの**淝水の戦い**（→草木皆兵）や、それに続く謝安・謝玄の相次ぐ死のころ。陶淵明自身からすると少年期から青年期にあたる、ほんのひとむかし前のことである。場所は武陵、いまでいう湖南省の西部一帯。カルスト地形で有名な世界自然遺産・武陵源（湖南省張家界）や桂林（広西チワン族自治区）の存在からわかるとおり、湖南省の西側には石灰岩が多く、どこまでも広がる山地は深く浸食され、大人ひとりがやっと通れる幅の洞窟なども、決して珍しくはない。人が住めるのは、川ぞいのほんの小さな場所だけだ。船でないと行きつけない場所もあり、桃源郷のようなところが実在したとしても、少しもおかしくない。武陵の山奥に足を運んでみればわかるが、この物語は、その虚構性の乏しさを指摘する学者たちが強調してみせる以上に、現実的なものである。

だから、「桃花源記」のうちに、時勢に対する批判とか、中国文化に色濃い現世主義とかいったものの匂いをかぎつけるのは、たやすいことである。先述のような地理的条件に照らして、この物語の空間設定の背景を読み解く試みがあることも、充分に理解しうる。桃源郷の人々が秦よりあとの歴史を知らぬというところから、秦代の支配や交通路の記憶を「桃花源記」に見いだす学説も、傾聴に値する。現在にいたるまでこの地は山地民族の多く住む場所なので、彼らの生活様式や山岳信仰を桃源郷に投影させたり、それと日本の「かくれ里」伝説との関係を強調することも、根拠ある考えではある。

　さりながら、桃源郷の生まれる土壌の存在をいくら指摘したところで、それが**このとき、このようなかたちをとって**具体化されるにいたったことの意味は、歴史的条件をふまえることなくして、理解することはできない。同じ湘西（しょうせい）（湖南省西部）の、同じような空間を舞台にしながら、二〇世紀の作家・沈従文（しんじゅうぶん）はなぜ故郷をあのように描き、映画「芙蓉鎮（ふようちん）」（一九八七）はなぜあのような結末となったのか。そうしたことさえ考えずに、桃源郷をその文化的背景のうちに埋没させたり、陶淵明個人の物語に矮小化してしまったりしてよいものだろうか。人はみなひとしく、歴史の子なのである。

湖南省湘西トゥチャ族ミャオ族自治州の老司城遺跡。中国王朝は南部の諸民族を間接支配するため、首長に土司という役職を与えた。老司城は土司の拠点のひとつで、その歴史は12世紀にまでさかのぼる。細い流れに沿って小さな集落がひらけ、春には梅や桃の花が咲く。山を隔てた西にある**里耶の地からは、2002年、秦の時代の公文書が大量に出土した**（→五十歩百歩）。

畜生

―人を動物にたとえて罵る言葉。『隋書』宣華夫人陳氏伝より―

隋の煬帝といえば、古代ローマのネロと同様、暴君の代名詞的存在である。とかく評判が悪い。やれ大運河をつくって民を酷使したの、やれ無理な遠征をくり返し国を傾けたのと、非難する材料には事欠かぬ。挙げ句には酒と女。悪政のために反乱が続発しても、杯と美姫を離さなかったという。まあこれは、ありがちな形容ではあるが。

日本とも縁がある。聖徳太子執政下の六〇七年、小野妹子が携えていった国書の「日の出ずる処の天子、書を日の没する処の天子に致す。**恙無きや**」(↓恙無し)という文言が、煬帝を不快にさせた逸話は有名である。このことも作用しているのか、わが国でも彼の評判は芳しくない。「煬帝」を「ようてい」でなく「ようだい」と読むのは、ほかの皇帝と区別するためだとの説もあるほどだから、よくよく嫌われたものである。

煬帝の悪行として古くから挙げられてきたのが、父殺しだ。彼の父親は、隋の建国者・楊堅(文帝)。北朝のひとつ・北周の武将から身を起こし、南北朝を統一した人物である。官制をはじめ諸制度を整え、官吏登用試験・科挙（かきょ）を導入するとともに、物流の便をはかるため水運に目をつけ、各地の運河の整備に着手した。唐の都・長安の基礎を築いたのも文帝である。しかし一方で、皇后に女出入りを監視され、自由がないと家出してみたり、子らの不仲に翻弄されて太子をすげかえるなど、家庭内では気苦労が絶えなかった。

六〇四年七月のある日。病重い文帝を、側室の宣華（せんか）夫人と太子が看病していた。宣華夫人は南朝最後の王朝・陳の皇女で、聡明さと美貌で知られていた。太子が兄の楊勇（ようゆう）を追い落とすことができたのも、宣華夫人の手助けがあったからだ。ところが太子は、その恩人に下心を抱いていたものらしい。夜明け方、宣華夫人が着がえのために部屋を出ると、太子がついてきて関係を迫った。かろうじて逃れたが、様子がおかしいのに気づいた文帝が問うと、つい涙をこぼし、太子のことを告げてしまった。文帝の怒るまいことか。

「**けだもの**（畜生（ちくしょう））めが、あんな奴に国家の大事を託せるものか。息子を呼べ！」

そばの者が太子を呼びにやると、文帝はさらに言った。

「その息子ではない、勇だ！」

これを聞いた太子、部下を文帝のもとに走らせる。病床についていた面々は、みな退出させられた。と、文帝の容態が急変し、たちまち息を引き取った。

その日も暮れようとするとき、宣華夫人のもとに、金の小箱が届けられた。蓋のきわには紙が貼られ、太子の筆で「封」と書かれている。中身はきっと毒だ、太子は死を賜るおつもりかと、夫人は開けるのをためらった。しかし使者は、どうぞどうぞと勧めて聞かない。しかたなく開いてみると、何としたことか、入っていたのは同心結(どうしんのけつ)。ほどけないようにひもを結んだ、恋のお守りだ。

まわりの女官たちは、お命が助かりましたねと、暢気(のんき)に喜んでいる。だが、宣華夫人は違った。こんなものをもらってもうれしくないと、礼を述べるのを拒んだのである。まわりがとりなして、結局しぶしぶ拝礼したが、するとその夜、太子がぬけぬけとやってきて、望みを遂げたという。この太子こそが、のちの煬帝である。

隋に取ってかわった唐は、こうした真偽のほどのわからない逸話をせっせと集めて記録し、煬帝をおとしめた。それでも、煬帝の建設した大運河が、中国の南北を経済的・文化的に結びつける上で大きく寄与したことは確かである。煬帝が立てた制度も、唐王朝に取り入れられている。逆に見れば、これだけ悪く書き立てられても、なお否定しきれないほどの事績を残した皇帝だと言えるだろう。

霊泉寺石窟（河南省安陽）の那羅延神王像（部分）。隋文帝期の作。那羅延天は仏法の守護者とされ、その神通力にあやかろうと尊崇する者たちがいた。仏寺で生まれた隋の文帝は、幼名を那羅延といい、北周の廃仏政策を改めて仏教を保護し、そのもとで霊泉寺は河北随一の名刹として栄えた。人を禽獣にたとえて「畜産」と罵った例は漢代にもあるが、文帝がそれを「畜生」としたのは、悪しき行いの結果として畜生道に転生するという仏教の考え方を承知していたからだろう。

同心結を描いた中国の切手（2003年3月3日発行）。同心結は2本の紐を結び合わせた工芸品で、男女の和合を意味する。隋のときこのような形のものがあったのかははっきりしないが、晩くとも宋代には、婚礼に用いられるようになっていたことがわかっている。

第六章

唐宋篇

西暦	出来事
618	李淵，隋にかわって唐を建国
630	唐の皇帝・太宗，天可汗号を奉られ，中国と北方遊牧世界に君臨
663	唐・新羅連合軍，日本・百済遺民の連合軍を破る（白村江の戦い）
690	高宗の皇后・武則天，皇帝となり，周を建てる（～705）
712	玄宗，皇帝となる（開元の治）
751	唐，タラス河畔の戦いでアッバース朝に敗れる
755	安禄山，挙兵（安史の乱）
875	塩の密売商人・黄巣，反乱を起こす（黄巣の乱）
907	朱全忠，唐にかわって梁を建てる
936	キタイ，華北の政変に介入し，燕雲十六州を獲得
960	趙匡胤，皇帝となり、宋を建国（北宋）
1069	王安石，新法を発布
1127	金によって北宋の都・開封が陥落。高宗が南京で即位（南宋）

7～8世紀のアジア

登高

高いところに登ること。東晋のころから、九月九日の重陽の節句におこなわれる行事として定着した。王維「九月九日、山東の兄弟を憶う」より

唐（六一八～九〇七）の第二代皇帝・太宗は、内政につとめる傍ら、近隣の諸国を圧倒して、「貞観の治」と呼ばれる安定した時代をもたらした。隋の時代に立てられた新しいしくみが、うまく機能するようになったのである。貴族の力が強い状況は変わらなかったが、七世紀の後半に武則天が権力を握ると、科挙の難関を突破した官僚たちにも活躍の場が与えられるようになってきた。八世紀のはじめ、王維が詠んだ「九月九日、山東の兄弟を憶う」。

独り異郷に在って異客と為る　佳節に逢う毎に倍ます親を思う
遥かに知る　兄弟　高きに登る処　偏く茱萸を挿して一人を少くを

異郷でひとり暮らしをしていると、節句のたびに家族が恋しくなる。今日は九月九日だから、兄弟

たちは丘に登っているはずだ。みんなで頭に茱萸の実を挿して、わたしだけがいないことを淋しく思っているだろうなあ。

このとき王維は、まだ一〇代後半だったという。受験勉強のため、若くして遊学中だったものと思われる。当時は良家の出であれば、科挙を経なくても官僚になれたが、そうした特権をもたない人々にも夢を託せる制度ができたことの意味は、やはり大きかった。王維はこの数年後に科挙に及第し、宮廷詩人として大いに名をはせた。

「高きに登る」すなわち「登高」とは、九月九日の重陽の節句の風習である。**易**（↓乾坤一擲・一陽来復）では天をあらわす九を陽数、地をあらわす六を陰数とみなし、さらには奇数を陽数、偶数を陰数とも言う。その考え方にしたがい、九の重なる九月九日が、「重陽」と呼ばれるようになった。ただし、日付を**干支**（↓還暦）ではなく数字であらわす方法が普及するのは漢代のことなので、「重陽」の観念と諸行事との結びつきも、漢代をさかのぼることはあり得ない。もとをただせば、農期のはじめにおこなわれる春の野遊びと対をなす、収穫を祝う秋の野遊びであったはずだ。前一世紀に数字による日付表示や易の思想が広がったことにともない、後漢のころから春の野遊びは**三月三日**（↓濫觴）に、秋のそれは九月九日に結びついていったのだろう。高いところに登るのは、もちろん、野遊びの名残りである。

そこで茱萸を用いるについては、**『続斉諧記』**（↓汨羅に死す）におどろおどろしい話がみえる。後

漢時代、不思議な術をあやつる方士・費長房に、桓景という弟子がいた。あるとき、桓景は師匠から、

「九月九日、おまえの家に災いがある。赤い袋に茱萸の実を入れ、それをひじから下げて高いところへ登り、菊酒を飲むがいい」

と告げられた。当日、一家は山に登り、夕方帰ってみると、ニワトリもイヌもウシもヒツジも、みな死んでいた。費長房は、家畜が身がわりになったと説明したとされる。これは後世の伝説で、漢代の実態を伝えているとは考えにくいが、魏晋のころにはすでに、重陽には茱萸や菊酒が供されていたらしい。

重陽に菊酒を飲む習慣は日本にも伝わり、平安時代には宮中行事「菊の宴」があったが、民間に広まるにはいたらなかった。九州北部では旧暦九月九日におこなう祭礼を「お九日」といい（「長崎おくんち」など）、中部・関東にもこの日を「クンチ」と呼んで秋の刈上げの日とする習慣が分布しているが、重陽節の諸行事との直接的な関係はないだろう。中国でも重陽節はやがて中秋節に取ってかわられ、現在では、春節・**清明節**（↓一陽来復）・**端午節**（↓汨羅に死す）・中秋節が「漢族四大伝統節日」とされている。

平遥（山西省）の鎮国寺。王維の故郷・祁県のすぐ近くにある。この三仏殿は10世紀の建築。通常「茱萸」といえば、独特の臭気があり邪気をはらうとされるゴシュユの実のことであるが、ゴシュユは南方の暖地に分布するミカンの仲間で、山西には産しない。頭に挿すということは装飾性の高さを意味するから、王維が詠っているのは、赤く美しいサンシュユ（アキサンゴ）の実のことであろう。いずれにしてもグミではない。

月下独酌

―月を友として独り酒を飲むさま。李白「月下独酌」より―

八世紀前半、玄宗がすすめた「開元の治」のもとで、唐王朝は繁栄を謳歌した。建国から百年が経ち、限界や矛盾を露呈しはじめていた諸制度を、玄宗が大きく作りかえたのである。人事制度にも転換が生じ、法律に定められた官職のほかに、目的に応じて特別な役職をおくようになった。こうした役職の名称には「使」という語がつくことが多かったので、まとめて「使職」と呼ばれる。中でも有名なのが、軍団を率いて辺境の守備にあたる**節度使**（↓ただ赤心のみ）である。同時に、各方面の逸材を皇帝のそば近くに集めておく翰林院という機関も設けられた。一芸一能の士にも、出世の道が開かれたのだ。

「詩仙」李白は、才を買われて翰林院に配されたひとり。科挙をパスした王維とは対照的な経歴で、詩風も大きく違う。王維はのびのびと自然を詠い、屈託がない。一方、李白の詩にも情景の描写はあらわれるが、それは想像力のスイッチにすぎない。たとえば、同じ重陽の登高でも、李白にかかるとこうなる。

九日(きゅうじつ)龍山の飲(いん)　黄花(こうか)逐臣(ちくしん)を笑う
酔うては看(み)る風の帽を落とすを　舞うては愛す月の人を留むるを

死の直前の作「九日 龍山の飲」。李白が登った龍山は、安徽(あんき)省馬鞍山(ばあんざん)にある。「逐臣」とは、都落ちした李白のこと。帽子云々は、**桓温(かんおん)**（↓**竹馬の友**）の部下・孟嘉(もうか)が、**龍山**（湖北省荊州。名は同じでも別の山）（↓**人に因って事を成す**）での重陽の宴で帽子を飛ばされ、からかわれた故事にちなむ。眼前にひろがる龍山の景色、手許には杯に浮かぶ菊の花びら。帽子はひらひらと天高くのぼり、残された李白は月明かりを去りがたく舞う。彼の魂は、目に映ったものから翼を得て、果てしない宇宙へとはばたき、そこでみずからを解放するのだ。その作品においても、李白は世の枠からはずれていた。そんな自由人なので、酔って権臣(けんしん)の恨みを買い、都を辞去するはめにおちいる。李白にとっては、失意を慰めるものも、また酒だ。

花間(かかん)一壺(いっこ)の酒　独酌(どくしゃく)相(あい)親しむ無し
盃を挙げて明月を邀(むか)え　影に対して三人と成る（「月下独酌」）

春の花の下、ひとり酌む酒。月とおのれの影とが相手。

醒時（せいじ）同（とも）に交歓し　酔後（すいご）各（おの）おの分散す
永く無情の遊（ゆう）を結び　相期す雲漢邈（うんかんはる）かなり

酔ったらお互いもうわからない。天の川にてまた会おう。

李白は、酒だけを友とした孤高の人・曹植や、酒を道連れに隠遁した陶淵明とは、違うタイプの酒飲みだった。決して杯の中の孤独に閉じこもらないし、風に飛ばされる帽子のように流浪はしても、眼前の風景に心身をゆだねない。だからその酒は、人に胸襟（きょうきん）を開き、また開かせるものだった。孟浩然（もうこうねん）・王昌齢（おうしょうれい）など、李白が詩を贈った友は数多い。放浪の途上めぐりあった杜甫とは、すっかり意気投合し、各地をともに旅している。

もっとも、李白と曹植・陶淵明とでは、立場も背景もまるで異なるから、単純な比較は意味をなさない。李白を李白たらしめた歴史的条件はたくさんある。宮廷の文学サロンや全国的な文人ネットワークの存在が、彼に孤独でいることを許さなかった点も、そのひとつだ。もちろん、それによって、李白が幸せに生きられたのかどうかはわからない。が、彼が時を得て、多くの傑作を残してくれたことは、われわれにとっての幸せである。

夜光杯

西域に産する玉、あるいはガラスの杯のこと。古典の中で、エキゾチックなイメージを演出するために用いられる。初出は陳・張正見「門有車馬客行」。王翰「涼州詞」より

初期の唐王朝の支配は、遠くアフガニスタン方面にまで及んでいた。七世紀なかば、イスラームの擡頭によってササン朝ペルシアが滅亡すると、唐は残存勢力を支援した。その後、武則天の治世に、北方の遊牧民族・突厥やチベットの吐蕃との関係が悪化して、辺境の緊張はさらに高まった。こうした時代背景のもと、多くの人々が西方・北方の砂漠地帯へ足を運ぶこととなり、八世紀になると、国境地帯の風物や守備兵の悲哀を詠った詩が多く作られるようになった。これを辺塞詩という。

葡萄の美酒　夜光の杯　飲まんと欲して　琵琶　馬上に催す
酔うて沙場に臥す　君笑う莫れ　古来征戦　幾人か回る（王翰「涼州詞」）
（ブドウのうま酒、夜光の杯　馬上の琵琶がお相伴
酔いつぶれるとも笑ってくれるな　どうせ帰れぬ**いくさ**場だ）

「夜光の杯」つまり夜光杯とは、**西方の玉**（↓完璧）でこしらえた杯で、夜も光を放つと言われた。ワインに玉、馬上の楽人とその奏でる琵琶、そして砂漠は、いずれも西方の文物である。そんな辺塞の情景には、夜の月明かりがよく似合う。

秦時の明月　漢時の関　万里長征して　人未だ還らず
但だ龍城飛将をして在らしめば　胡馬をして陰山を渡らしめじ（王昌齢「出塞」）
（秦と同じ月　漢と同じ関　でもあの夫は征ったきり
衛さま李さまがおわしたら　えびすの好きにはさせますまいに）

秦のころと変わらぬ月の光の中に、漢の時代に築かれた長城が浮かび上がる。「龍城」は**衛青**（↓**傾城傾国**）が攻め落としたという単于の根城、「飛将」はもちろん「飛将軍」李広のこと。陰山はモンゴル高原とオルドス（「**龍門**（↓登竜門）」より上流の、黄河の屈曲部に囲まれた地域）とを隔てる山脈で、長安を守る上で重要な防衛ラインである。

短命な秦に続いて長い繁栄を誇り、匈奴を打ち払った漢王朝を、当時の詩人たちは、隋のあとを承けた唐王朝に重ねた。漢と唐、辺塞と中国を結びつけるものこそ、月だ。時を越えて、ところを越えて、同じ月が人のいとなみを見つめている。月明かりの中で、人は、時間も空間も越えた無限の世界と結びつく。李白の好んで詠う月もそうだ。

李白にも辺塞詩がある。辺塞詩はあくまでスタイルだから、辺境で詠わずともよいのである。

明月　天山より出づ　蒼茫たる雲海の間
長風幾万里　吹き度る玉門の関
漢は下る白登の道　胡は窺う青海の湾
由来征戦の地　見ず人の還る有るを（「関山の月」）

「天山」はタリム盆地の北に横たわる山脈。そこから顔を出した月が、青ぐろくひろがる雲海の上に光を投げかける。玉門関（甘粛省敦煌）を越えて、遠く風が吹いてくる。**白登山**（↓恙無し）や**青海**（青海省。中国最大の湖）**での戦い**（↓虎穴に入らずんば虎子を得ず）からこのかた、ここは漢とえびすの係争の地だが、征って帰った者はない。この詩においても、やはり唐は漢になぞらえられ、月がキーワードとなっている。

国境のまもりの維持はしだいに困難になり、玄宗はこれを**節度使**（↓ただ赤心のみ）にゆだねた。そのことが、やがて、唐王朝をゆるがす大変事につながっていく。

風月同天

ところは離れていても、風や月は同じである意。空間を越えた絆を、風・月にたとえていう。日本の長屋王が唐に送った詩「繡袈裟衣縁」より

ユーラシアのはるか西でササン朝が滅んだころ、朝鮮半島の情勢も風雲急を告げていた。唐が新羅と結んで百済を滅ぼし、さらに高句麗をも平らげたのである。百済と結んでいた大和朝廷は、白村江（韓国、全羅北道の群山付近）において唐・新羅と戦い、敗北を喫している。中大兄皇子とともに前線の九州に下っていた斉明天皇は、開戦を待たずして、筑紫朝倉（福岡県朝倉）の地で崩御した。敗戦後、日本は大宰府の守りを固めるとともに、頻繁に遣唐使を送って、関係の修復をはかっている。こうした一連の状況からも、東アジアにおける唐王朝の影響力の大きさをうかがい知ることができるだろう。

その勢力範囲の広さを反映して、唐王朝のもとでは、ソグディアナ（ウズベキスタン東部のサマルカンドを中心とする地域）のソグド人・高句麗人・南詔（現在の雲南省にあった国）人など、さまざまなルーツをもつ人々が活躍した。彼らは科挙官僚とは教養のベースが異なるので、商業や軍事とい

った方面での活動が目立つが、文化面での働きもなかったわけではない。一八世紀初頭、清の康熙帝の命によって編纂された『全唐詩』には、唐代の詩が網羅されており、その中には異国の出身者の作品も収められている。面白いことに、そこには、唐に渡ったことのない日本の長屋王の詩までみえる。

山川 域を異にすれども　風月 天を同じうす
諸もろの仏子に寄せて　共に来縁を結ばん

地において国は違っても、天にある風や月は同じ。仏門の諸子に袈裟を差し上げ、来世の縁を結びたいのだ。二〇二〇年二月、漢語水平考試（HSK。中国政府公認の中国語能力試験）の日本事務局が、新型コロナウイルスの感染拡大により封鎖されていた湖北省武漢市へ救援物資を送った際、箱にこの文句が記されており、中国でちょっとした流行語となった。大陸から僧を招くため長屋王が送った千枚の袈裟に縫いつけられていたもので、これを見た鑑真が日本への渡航を決意したことはよく知られている。ただ、そのときすでに長屋王は政争に敗れ、この世の人ではなかった。

ここでは、「域を異にす（異域）」る者が「天を同じうす（同天）」ることを示すキーワードとして、「月」が用いられている。辺塞詩に即して紹介したように、月によって時間や空間を越えることは、当時の詩作において普遍的な手法であった。長屋王はそれを承知して、「風月同天」と書いたのであろう。だからこそ、鑑真は、そこに詠みこまれた意図を理解し、感動し、東渡をくわだてたのである。いくら漢字を使い、文法や韻律のルールを守って書いても、そこから呼び起こされるイメージが適切でなければ、人の心を動かすことはできない。このエピソードは、かつて聖徳太子が「日の出づる処の天子」云々と国書に記し、**煬帝を怒らせたこと（↓畜生）**と対照的である。

聖徳太子の時代から百年以上の歳月をかけて、日本の知識人はようやく、日本にありながら大陸の文化の一端を理解し、それを用いて意図した外交的結果を引き出せるようになった。遣隋使・遣唐使が持ち帰ったものというと、きらびやかな正倉院御物だとか、高度に整備された律令制度だとか、あるいは仏教や儒学の教説とかいったものに目を奪われがちになるけれども、たとえば「月」に代表されるような社会的プロトコル（しきたり・約束事）も、日本に移入されていったのである。唐が東アジアにもたらした「文化」とは、人の感じ方やその表現形式をも、根本から変えてしまうようなものだったのだ。その意味において、阿倍仲麻呂が帰国の途上の蘇州黄泗浦（江蘇省張家港）で詠んだとされる、

天の原ふりさけ見れば春日なる三笠の山に出でし月かも

は、遣唐留学生の歴史的意義を象徴している。

ただ赤心のみ

―腹のうちに異心がないことをいう。『開天伝信記』より―

吉備真備・阿倍仲麻呂・玄昉の三人は、玄宗の治世のはじめ、七一七年に入唐した。仲麻呂はやがて朝廷に召し出され、中国風に晁衡と名乗って、官界で活躍した。

彼らの在唐生活も一五年を過ぎたある日、幽州（現在の北京一帯）節度使からの使者として、ひとりの男が長安を訪れた。たいへんな巨漢で、ソグド人の血を引き、多くの異国の言語をあやつる。その名は安禄山。のち宰相となる張九齢は、安禄山の容貌を見て、いずれ幽州を乱す男だと予言したという。

翌年、真備と玄昉は帰国したが、仲麻呂は唐に残った。ほどなくして、安禄山が軍律に叛く事件があり、張九齢は孫武が**闔廬の寵姫を斬った故事**（↓将、軍に在れば君命も受けざるところ有り）を引いて誅殺を主張したが、玄宗は聞き入れなかった。安禄山は賄賂をばらまいてみずからの評判を高め、七四二年、ついに平盧（遼寧省朝陽一帯）節度使となった。李白の仕官がやっとかない、長安での短い役所づとめをはじめたころである。

張九齢の失脚が追い風となり、安禄山の官位はどんどん昇って、二つの節度使を兼ねるまでになった。一方日本では、藤原氏に敗れた真備や玄昉が九州に左遷され、玄昉は大宰府の観世音寺において謎の死を遂げている。鑑真（がんじん）が日本への渡航を志しながら、失敗をくり返していたのもこの時期である。片や玄宗は、楊貴妃（ようきひ）にすっかり入れあげ、長安の東にある華清宮（かせいきゅう）で、毎年何か月も温泉に漬かっていた。安禄山はここに目をつけ、願い出て楊貴妃の養子となって、さらに玄宗に取り入った。

当時、安禄山の肥満はさらにひどくなっており、人の手を借りなければ歩けないほどだった。ところが胡旋舞（こせんぶ）を踊らせると、風のように舞う。不思議に思った玄宗が、

「そなたの腹の中には、いったい何が入っているのか」

と尋ねると、安禄山はすかさず、

「ただ赤心だけでございます」

と返した。赤心とは「まごころ」。こんな当意即妙さも、出世の秘訣か。

このころ北のモンゴル高原では、唐に服属していた突厥（とっけつ）にかわって、新たにウイグルが覇権を握っ

た。中央ユーラシアではイスラームが急速に勢力を拡大し、七五一年、キルギスタン西北部のタラス河畔において、唐はアッバース朝に惨敗を喫した。国威のかげる中にあって、安禄山は節度使をさらに兼ね、巨大な兵権を握るにいたる。さすがに謀反の恐れを口にする者が増えはじめたが、玄宗は耳を貸さなかった。

これでは身が危ないと思ったのだろうか。七五二年に遣唐使が来訪し、副使の吉備真備と再会すると、仲麻呂は帰国を決意した。この使節団は、翌年の年賀拝礼にあたって、日本の席次が新羅より低いことに抗議し、席順の変更を要求して、アッバース朝と並ぶ最上位についている。唐の朝廷は、使節同士が威信をかけてぶつかりあう場でもあった。

やがて一行は、仲麻呂をともなって、長安を旅立った。そのとき王維の詠んだ惜別の詩。

郷国 扶桑の外　主人 孤島の中
別離 方に異域　音信 若為にして通ぜん（「秘書晁監の日本国に還るを送る」）
（日出づる扶桑の樹のかなた　孤島のうちに君還り
遠い国へと行き別れ　いかに便りを伝えよう）

国破れて山河あり

―いくさで国は荒れ果てても、山や河はもとのままにあるという意味。杜甫「春望」より―

帰国する仲麻呂を連れた遣唐使の船団には、鑑真がひそかにもぐり込んでいた。渡航の試みは、これで六度目である。このとき鑑真は、すでに視力を失っていた。

真備や鑑真は無事に日本にたどり着いたが、仲麻呂の船は風に流された。唐には仲麻呂が死んだと伝わり、長年の友であった李白は、放浪の中「晁卿衡を哭す」を詠む。

日本の晁卿　帝都を辞し　征帆一片　蓬壺を遶る
明月帰らず　碧海に沈み　白雲愁色　蒼梧に満つ

「蓬壺」すなわち蓬萊は、東海に浮かび**仙人が住むという伝説上の島**（↓鹿を指して馬と為す）。蒼梧は秦から唐にかけて、南方の辺境におかれた行政区の名。蓬萊島をひとめぐり、明月・晁衡は紺碧の海に沈み、愁いをこめた湧きあがる雲が、蒼梧の空を覆いつくす。**「九日 龍山の飲」**（↓月下独酌）

や**「関山の月」**（↓夜光杯）もそうだが、李白は場所や方角には頓着せず、想像力のままに詠う。そこでは大海原に沈む「明月」が描かれ、喪ったものの果てしなさが表現される。いかにも李白だ。しかし仲麻呂は、遠くヴェトナムに漂着していた。そして長安に戻り、衝撃的な知らせを耳にすることになる。安禄山が、叛いた。

安禄山の軍は驚異的なスピードで洛陽に迫り、ついで長安を陥落させた。成都への逃亡の途上、楊貴妃は殺害され、玄宗も退位を余儀なくされた。一方、反乱軍においても内紛が続き、安禄山も息子の手の者によって腹を切り裂かれて死んだ。腹の中から腸が流れ出たというから、詰まっていたのは赤心だけではなかったらしい。唐はウイグルをはじめ諸国に援軍を求め、日本に対しても、弓の材料として牛の角を送るよう要求している。吉備真備は大宰府にあって、守りを固めた。

この間、王維・杜甫は反乱軍にとらえられた。文名の高かった王維は、安禄山に仕官を無理強いされたが、無名の杜甫はそれを免れ、荒廃した長安で「春望」を詠んでいる。

国破れて山河在り　城春にして草木深し
時に感じては花にも涙を濺ぎ　別れを恨んでは鳥にも心を驚かす

街は崩れてしまったが、山川はもとのままにある。この長安にも春がきて、草木は緑が深くなる。

このご時世を思っては、花の色にも涙がうかぶ。別れた家族を思っては、鳥の声にも心ざわめく。

杜甫は長安を脱出して唐軍に走り、官位を与えられた。ほどなく王維も唐軍によって解放されたが、賊に仕えたことを責められ、位を落とされている。のち、杜甫は上意に逆らい左遷されて出奔、王維・玄宗・李白は相次いで死去。阿倍仲麻呂はヴェトナム方面の地方長官としてハノイに転出し、反乱がようやく鎮圧されたことをそこで知った。同じころ、吉備真備は長年の政敵・藤原仲麻呂のクーデターを阻止、右大臣にのぼっている。

采石磯（安徽省馬鞍山）の捉月台。李白が酒に酔い、長江の水に映った月を捉えようとして溺死した場所と伝わる。この采石磯では、12世紀後半、**金軍と宋軍が激突した**（→運用の妙は一心に存す）。長江をさらに20キロほど下ると、項羽の自刎した**烏江**（→四面楚歌）がある。

安南（ヴェトナム）節度使にまで出世した仲麻呂は、七七〇年、長安に没した。七三歳。同年、杜甫は失意のうちに客死。その最晩年の作「江漢」は、月に孤独な己の姿を重ねる。

江漢 思帰の客　乾坤 一腐儒
片雲 天は共に遠く　永夜 月は同じく孤なり
（南をさまよう望郷の人　天地にひとりはぐれた学者
空にひとひらちぎれ雲　夜にぽつんと月ひとつ）

飯後の鐘

期限に遅れて取り返しのつかなくなること。または、冷遇されること。五代・王定保『唐摭言』起自寒苦より

菊池寛の「形」は、鮮烈な掌編である。

時は戦国の世。「鎗中村」と名高い中村新兵衛のトレードマークは、赤の羽織に唐冠（後部の左右に羽根状の突き出しのある冠）の兜。初陣の若武者にこれを貸した日、いつもの倍も奮戦したが、敵はいっかなひるまない。しまった、羽織や兜を貸すのではなかった、と思った刹那……。確かに、身なりや肩書きで、相手の態度はころりと変わる。

王播は、安史の乱（安禄山・史思明らが主導したのでこう呼ぶ）の最中に揚州（江蘇省）で生まれた。家は貧しく、若い時分は恵昭寺に居候していた。僧たちは王播をうとましく思い、飯どきを知らせる鐘を、食事のあとに打つようにした。当然、王播が来ても食べものはない。よくまあそこまでするものだ。

屈辱にめげず勉学にはげみ、科挙に及第した王播は、二〇年の後、淮南節度使となって揚州に帰っ

てきた。安史の乱をきっかけに、辺境地帯だけでなく、内地のいたるところに節度使がおかれるようになっていたのである。あの王播がいまやこの地の長官さま、これには恵昭寺の僧たちも仰天したろう。一方、懐かしい寺を訪れて、王播もびっくり。何しろその目に飛び込んできたのは、むかし王播の書いた額をいまさらながらに包んでみせた、緑の絹だったのだから。そこでこう詠んだ。

上堂已に了わりて 各おの西東し 慚愧す 闍黎 飯後の鐘
二十年来 塵 面を撲ち 如今始めて得る 碧紗の籠
（めしは終わって散りぢりに　坊主そのあと鐘を打つ
二十年 塵にまみれさせ　はじめて包むよ緑絹）

だから「飯後の鐘」には、落ちぶれて冷遇される意と、時機を逸し手遅れになる意とがある。いずれにしても、うわべだけで人間を判断することの危うさ、愚かしさをよく伝える逸話だ。相手のほんとうの姿を見抜くのは時間がかかるから、つい地位だの学歴だの格好だのに頼って判断してみたくなる。だが、そこで本当に試されているのは、相手ではなく、自分である。飯後に鐘を打ったり、緑絹で取りつくろったりする人間には、決してなりたくないものだ。

淮南の中心都市・揚州は、長江と大運河の接点にあたり、物流の拠点として、隋唐以降大いに繁栄した。鑑真（がんじん）がいた大明寺（だいめいじ）は、隋代に創建されている。海からもほど近く、各地から集まった人や物資は、ここから**蘇州を経由して海に出た**（↓風月同天）。逆もまた然りで、海上交易によってもたらされた品々は、揚州から各地に運ばれた。安史の乱ののち、各地の節度使には自立の傾向をみせる者が少なくなかったが、八世紀末以降、経済的に豊かだった長江流域、とくに淮南をはじめとする下流域を統制できるようになったことによって、唐王朝は長く命脈を保つことができた。

唐の後半期における財政収入の柱は、塩の専売であった。これは唐のもともとの制度にはなかったものであるから、専売を担当する塩鉄使という**使職**（ししょく）（↓月下独酌）がおかれた。王播は淮南などの節度使だけでなく、この塩鉄使も長くつとめ、唐の財政を支え続けた。若いとき貧困に苦しんだ彼が、財政面で国家を助けることになるとは、恵昭寺の僧たちはもちろん、王播自身も思っていなかっただろう。

ただ、王朝が滅びこそしなかったものの、唐の国家のあり方は大きく変わった。対外的にも劣勢となり、しばしば他国に攻め込まれるようになった。日本も平安京に遷都ののち、しだいに唐と距離をおくようになって、唐の文化を日本独自にアレンジしたり、場面に応じて大陸風と日本風を使い分けたりする傾向が加速していく。

普哈丁園の望月亭。唐代以降、海上交易がさかんになると、揚州にも異国の人々が住みつくようになった。石塔寺（かつての恵昭寺）の近くには、南宋のとき揚州にわたってきた普哈丁（ムハンマドの子孫とされる）の墓や、彼がひらいたモスク・仙鶴寺など、イスラーム関係の史跡が現存する。てっぺんに見える三日月や「望月亭」の文字の緑色は、イスラームの象徴である。

推敲

―詩や文の字句を丁寧に検討して、手直しすること。『唐詩紀事』賈島より―

月天心貧しき町を通りけり　蕪村

月は貧しいものにも豊かなものにも等しく照りかけ、どんな無粋な人間も詩人にする。しかしそれが昂じると、奇妙な行動にもつながるようだ。英語で変わった人のことをlunaticと言うのは、月を意味するラテン語lunaに由来する。月が人の精神を惑わす、と考えられたからだ。

詩人・賈島も、その日は少し興奮していたのだろうか。長安の街を驢馬に乗って行く途中、ふと詩興が湧いた。

間居 隣並少く　草径 荒園に入る
鳥は宿る池辺の樹　僧は推す月下の門
（隣家もまれなわび住まい　草の小径は荒れ庭へ

池の木々には鳥憩い　月下の門をば僧は推す）

ここまできて、はたと迷った。「推す」がよいか、「敲く」がよいか。決めかねて迷うあまり、都の長官と鉢合わせしたことにも気づかなかった。普通なら大事件だ。だが、彼は幸いだった。長官は次第を聞くと、とがめるどころか、

「そこは『敲く』の方がよい」

と、アドバイスまでしてくれた。賈島も納得したのだろう、現存する書物で「李凝の幽居に題す」をみると、該当箇所は「敲」になっている。文章や詩などの文言をあれこれと考えて手なおしすることを「推敲」というのは、この故事に由来する。

賈島に助言した長官は、かの**韓愈**（↓乾坤一擲）。韓愈は自己表現に適した文体を模索する中で、漢代以前の文章に模範となるものを見いだした。同時に、魏晋以降に影響力をもつようになった仏教を排し、漢代の儒学に立ち返ることを唱えた。つまり、唐の人々のあいだに以前から芽生えていた**「漢を継ぐもの」としての意識**（↓夜光杯）が、唐王朝の国際的な影響力の低下とともに、「漢に帰る」という明確な主張のかたちを取るにいたったのである。こうした文学・思想の変革に向けた動きは、

やがて宋代にいたり、時代を動かす大きなうねりとなっていったのだった。

韓愈も、ときには月の光に動かされた。「八月十五の夜、張功曹に贈る」。

繊雲 四もに巻いて 天に河無し　清風 空を吹いて 月 波を舒ぶ

沙は平らかに 水は息んで 声影 絶ゆ　一杯 相い属む 君 当に歌うべし

君の歌 声 酸にして 辞 且つ苦なり　終わりまで聴く能わずして 涙 雨の如し

細雲流れる秋の夜、月にたゆたう水の上。さあさあ一杯、思いを歌え。何とその節、言い回し。もうやめてくれ、涙で見えぬ。

月が人を惑わすのではない。きっと、心を覆うものを、月の光が溶かすのだ。ヴェルレーヌ（一八四四〜一八九六）の「月の光*Clair de lune*」。

かなしい月のしずかな光
鳥たちはこずえに夢み
噴水はうっとりとむせぶ
大理の石の像の間、ほっそりと吹きたつ水は。

捲土重来

―落ちぶれた者が勢いをもり返すこと。再起すること。杜牧「烏江亭に題す」より―

「捲土（巻土）」とは、土を捲きあげる意。「重来」とは、重ねて来ること。土煙をもうもうと立てながらやってくるのは、人馬の群れと相場が決まっている。要するに、字面そのままに理解すれば、「再び攻めきたる」という意味である。

項羽の終焉の地となった烏江（↓四面楚歌）を訪れた晩唐の詩人・杜牧は、千年前のできごとに寄せて、「烏江亭に題す」を詠んだ。

勝敗は兵家も事期せず　羞を包み恥を忍ぶはこれ男児
江東の子弟 才俊多ければ　巻土重来 未だ知るべからず

いくさの行方はむずかしい、兵法家でもはかれない。たとえ一度は敗れても、耐え忍ぶのが男じゃないか。江東の地には人物が多い、いずれは再起もはかれよう。

いわれているのは、項羽ほどの英雄が惜しいことをした、ということにすぎない。しかしその嘆きは、さまざまな悲憤に連なっている。

杜牧自身は科挙官僚だったが、祖先をさかのぼると、晋のとき活躍した学者将軍・杜預（どよ）に行きつく。祖父の**杜佑**（↓**衣食足りて礼節を知る**）は科挙を経ることなく、貴族の子弟として採用されている。要するに名家であったわけだが、杜牧が生きた九世紀には、こうした貴族の力はすでに衰えはじめていた。しかも朝廷では派閥闘争が続き、杜牧はそれと距離をおかねばならなかったり、家のことにふり回されたりして、思うように出世できず、朝廷に戻っては地方出向をくり返していた。個人として、家として、「捲土重来」を期する思いは深かったはずだ。さらに、江東から再起をはかるまぼろしの項羽の姿は、長江下流域の経済力に拠って生きながらえていた唐王朝にも重なる。

「兵家も期すべからず」というのも、決して抽象的な表現ではない。杜牧の祖先にあたる杜預は、史書『春秋』の著述意図を解説した『春秋左氏伝』を読み込んで注をほどこし、みずからは晋の軍勢を率いて呉を滅ぼした。杜佑は、時代の移り変わりの中で諸制度がたどってきた軌跡を『通典』にまとめる傍ら、安史の乱後の国家再建に貢献し、ついには宰相にのぼった。彼の先祖たちは、そのようにして、歴史の中でみずからの生きる時代を見つめなおし、現実の課題と対峙してきたはずだった。その子孫である自分も、『**孫子**』（↓**将、軍に在れば君命も受けざるところ有り**）に注釈を付すほど、兵法に造詣が深い学者だ。自分なら、項羽を勝たせることができたかもしれぬ。いまだって機会を得られれば、やってやれないことはない。そういう意味で、「勝敗は兵家も期すべからず」と言ったとは考えられないか。

つまり、杜牧にこのように詠わせたものとは、懐古とかロマンなどではなくて、彼の心にじりじりとひりついた、リアルな焦燥感だったのである。それを言いかえれば、唐代末期の時代状況が、この詩のうちに強烈に反映されているということでもある。

しかし杜牧に、チャンスは訪れなかった。唐王朝も、長江下流域での収奪や塩の値段のつり上げがすぎて、うち続く反乱に国力を大きくそがれ、一〇世紀のはじめ、ついに滅亡した。杜牧の死後、わずか五〇年ほどのことであった。

隋唐揚州城遺址に残された、杜佑揮毫の八角石柱（部分）。この場所が**淮南節度使**（→飯後の鐘）の官署であることを示すもの。写真の下側、中央の少し右に、「杜佑」の字が見える。

とはいえ杜牧は、自身の崇敬した杜甫と並び称されるほどの詩名を残した。唐の生み出した文化も、今日にいたるまで、東アジアに絶大な影響を及ぼしている。それが彼らの望むところのものではなかったとしても、だ。杜預や杜佑がこだわった「歴史」とは、まさに、そうしたものである。

独眼龍

――隻眼の英雄のこと。『旧五代史』唐書武皇紀上より――

唐末の反乱の中でもっとも大規模だったのが、黄巣(こうそう)の乱である。首謀者であった塩の密売人の名から、こう呼ばれている。黄巣は科挙に落第し、塩の密売をいとなむようになった。のち、ほかの密売人とともに蜂起し、やがて洛陽、そして長安を攻め落とす。

一〇年あまりに及んだ黄巣軍との戦いの中で、名をあげた二人の男がいる。朱全忠(しゅぜんちゅう)はもと黄巣の配下で、黄巣が長安に入って皇帝を名乗ったとき、長安の東の要地を守っていた。しかし唐の攻撃に苦戦し、願い出た援軍を得られなかったため、唐に寝返ったのだった。これとしのぎを削ったのが、唐に帰順した沙陀(さた)(突厥の一派)出身の李克用(りこくよう)。若く勇敢なことから「鴉児(あじ)(カラス)」の異名をもち、その弓の腕前は、一本の矢で飛ぶ鳥を二羽一度に射落としたり、木にかけた針や立ててある鞭(むち)を百歩の距離から射あてるほどだった。諸将が長安を奪還したとき、功績第一は李克用だったと言われ、こののちも手勢を率いて各地で敵を打ち破り、片目が小さかったことにちなんで「独眼龍(どくがんりゅう)」と呼ばれた。

黄巣の乱は鎮圧されたが、そのころには各地の節度使が勝手に自立して、互いに争うようになっていた。とくに朱全忠と李克用は犬猿の仲で、朱全忠は大運河が黄河と交わる汴州（開封）に拠点をおき、唐の皇帝を抱きこんで、山西の李克用と衝突をくり返した。さらに両者の背後には、河北の劉仁恭がいて、勢力拡大の機をうかがっていた。三者の中でいちばんのいくさ上手は李克用だったが、朱全忠によってたくみに牽制され、さしもの独眼龍も身動きが取れなくなっていた。

　時を同じくして、中国東北部からモンゴル高原の東部にかけての地域では、耶律阿保機の率いるキタイが力をつけていた。李克用はみずからの勢力圏に侵入してきた阿保機と会盟して兄弟のちぎりを結び、ともに劉仁恭を討ったものの、とどめを刺すことなく帰った。そのすきを衝いて朱全忠が河北に進出をはかると、今度は劉仁恭の側についてこれを防いだ。李克用はいつでもこの調子で、朱全忠にしろ耶律阿保機にしろ劉仁恭にしろ、討ち取ろうと思えば討ち取るチャンスはあったのに、途中で手を引いたり値ぶみを誤ったりして、結局自身に有利な流れを作ることができなかったのだった。

　まもなく李克用は病に倒れ、朱全忠が唐の皇帝から位を奪い梁（後梁）を建てたことに歯がみしながら、この世を去った。さぞ悔いが残ったのだろう、死の床に長男の李存勗を呼び、三本の矢をさずけて、

「一矢で劉仁恭を討て、一矢で阿保機を撃て、一矢で朱全忠を滅ぼせ」

と遺言したと伝わる。

そして李存勗は、劉仁恭を斬り、梁を倒して、唐（後唐）を建てた。しかし強大になった阿保機にはかなわず、キタイはのち長年にわたって、中国を脅かし続けることになる。

耶律阿保機や李存勗に少し遅れてあらわれた平将門は、朝廷に叛旗をひるがえすにあたり、実力ある者が権力を奪う時世をあらわす事例として、阿保機が渤海国（中国東北部にあった国）に武力で取ってかわったことを挙げている。李克用のあだ名「独眼龍」は、江戸時代になって、隻眼の戦国武将・伊達政宗の異称に転用された。遣唐使が派遣されなくなって以降、中国王朝と日本のあいだの公的な関係は長らく途絶えがちだったが、そのあいだも大陸の情勢は逐一日本に伝わり、知識人にとって強い関心の対象であり続けたのである。

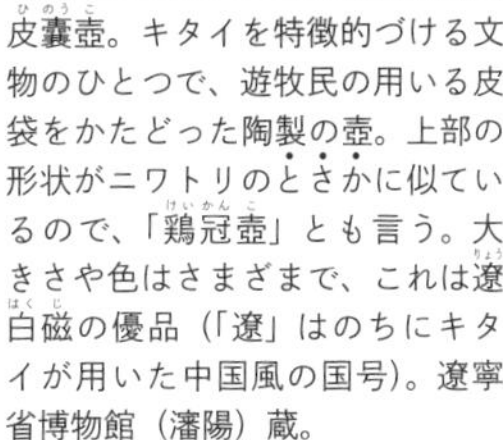
皮嚢壺。キタイを特徴的づける文物のひとつで、遊牧民の用いる皮袋をかたどった陶製の壺。上部の形状がニワトリのとさかに似ているので、「鶏冠壺」とも言う。大きさや色はさまざまで、これは遼白磁の優品（「遼」はのちにキタイが用いた中国風の国号）。遼寧省博物館（瀋陽）蔵。

晴好雨奇

晴れても降っても美しい風景のこと。「奇」は、並みでない、すばらしい意。蘇軾「湖上に飲せしが初め晴れて後に雨降れり」より

草わかば色鉛筆の赤き粉のちるがいとしく寝て削るなり　白秋

この鮮やかな色彩感は、宋の王安石が柘榴の花を詠んだという一節を思い起こさせる。

万緑叢中紅一点　人を動かす春色は多きを須いず

しげる青葉の中に、ひとつだけ紅い花が咲いている。春の景色は、たったこれだけで人の心を動かすのだ。この詩に由来する「紅一点」は、「そこにひとつだけ目を引くものがある」意。「男たちの中に女性がひとり」とするのは差別的だし、何より詩句の解釈として下品だ。

一〇世紀の末、宋によって中国の主要部は平定された。とはいえ、キタイ（遼）や西夏に毎年差し

出す莫大な財貨に加え、巨大な軍隊や肥大した官僚組織を維持するための経費によって、台所は厳しい。そこで、一一世紀の後半に宰相となった王安石は、財政の健全化と民生の安定、そして富国強兵をめざし、新法と呼ばれる一連の政策を打ち出した。

王安石の改革に対しては、歴史書『資治通鑑』の著者・司馬光をはじめ、異を唱える人々が多かった。**蘇軾（↓覆水盆に返らず）**もそのうちのひとり。そもそも蘇軾は、皇帝がもっぱら王安石のみに国事を任せること自体気に入らず、科挙にこんな出題をした。

「**晋の武帝（司馬炎）**（↓魯魚の誤）は独断で呉の平定をはかって勝利し、**苻堅（↓草木皆兵）**は独断で晋を征伐して滅んだ。斉の桓公は**管仲（↓管鮑の交）**ひとりに政治をゆだねて覇者となり、**燕王噲（↓隗より始めよ）**は子之ひとりに政治をゆだねて敗れた。同じことをしながら結果が違ったことについて、意見を述べよ」

これによって蘇軾は王安石の怒りを買い、地方官を転々とした。そんな中、金陵（現在の南京）で王安石に再会すると、またも国事について議論をふっかけた。王安石はいなして、

「それは中央の管轄だ。ここで言われてもどうしようもない」

言い分なら朝廷で聞こう、というのだ。まさに余裕たっぷり。が、ひるむ蘇軾ではない。

「朝廷においては言い、外にあっては言わない。主君に仕える者のけじめです。しかし、お上のあなたさまに対する処遇は、けじめを守っていると申せますかな」

もっとも、蘇軾は不平ばかりの人ではなかった。杭州（浙江省）では西湖の水利機能を回復させ、工事で出た土砂によって堤をつくり、景観を整備した。この蘇堤は、風光明媚な西湖一帯のうちでも、もっとも眺めの美しい場所とさえ言われている。

そして、こんな詩も残した。「湖上に飲せしが初め晴れて後に雨降れり」。

水光瀲灩として 晴れて方に好し　山色空濛として 雨も亦た奇なり
西湖を把って西子に比せんと欲すれば　淡粧濃抹 総べて相宜し

ひろがる水はきらきら輝き、晴れればまことに美しい。かなたの山は小雨にけむり、雨の風情もまたみごと。よそおい濃くとも薄くとも、人を魅了する**西施**（↓臥薪嘗胆）のようだ。これにちなみ、晴雨によらず景色のよいことを「晴好雨奇」「雨奇晴好」と言う。

西湖。杭州の水不足の解決手段として設けられた用水池である。定期的な浚渫が必要で、唐代には白居易も工事を手がけたが、宋代に入って管理が行きとどかなくなっていた。写真中央に見えているのが白居易の名にちなんだ白堤。蘇軾は東坡居士と号し、父の蘇洵・弟の蘇轍とともに詩人として名高い。杭州名物の東坡肉（皮つきの豚の角煮）を発明したとも伝わる。

運用の妙は一心に存す

――どんなものでも、効果を上げるには、使う者の心がけが大切だということ。『宋史』岳飛伝より――

いまや日本の夏の風物詩となっている花火。そのもととなる**火薬は、中国で発明されたものだ**（↓**魯魚の誤**）。火薬の製法の記録は唐代にまでさかのぼり、晩くとも宋代には軍事転用もなされていた。

王安石の提案した新法をめぐる政争は、一二世紀に入ってもおさまらなかった。そのころ、中国東北部では女真人が金を建国し、勢力を拡大しつつあった。金は宋とともにキタイを討つ盟約を交わしたが、宋は約束をまともに守らず、キタイが滅んだのちも、金に対して不実な態度を取り続ける。業を煮やした金は、華北に侵攻を開始した。金軍を迎撃するにあたり、宋は火薬をしこんだ兵器を使ったものの、大勢に影響するようなものではなかった。結局、宋は都の開封を占領され、上皇と皇帝は北へ連行されてしまう。

その間、皇帝の弟であった康王は抗戦を継続していた。このとき康王を支えた宗沢のもとに、岳飛という寡黙な部将がいた。農民の出で、『春秋左氏伝』や『孫子』を好み、弓にも長けていた。彼の

戦いぶりを認めた宗沢は、

「おぬしの武勇と知略には、いにしえの良将も及ぶまい。しかし、いつも奇策ばかりなのは、どんなものだろう」

そう言って、陣法を記した図を授けた。小勢のうちはだまし討ちでよいが、大軍を率いるとなるとそうはいかない。宋の将来を担う逸材なのだから、持ち前の知力・胆力を生かし、横綱相撲を取れるようにしておけというわけだ。岳飛は宗沢の考えをすぐに理解し、こう応じた。

「布陣して戦うのは、兵法の常道です。しかし、その陣の力を引き出すわざは、将たる者の心にかかっている（運用の妙は一心に存す）のですな」

この語、今日では「理屈や人を生かすも殺すも、使う側の心次第」の意で用いられる。

康王はまもなく皇帝として即位し（高宗）、宋王朝を復興した。高宗はみずから「精忠岳飛」の四字を記して岳飛に与え、岳飛はこれを旗印として転戦、救国の英雄として華々しく活躍した。戦いぶりは泰然として、岳飛の軍を動かすことは山を動かすよりもむずかしいとさえ言われた。その軍の規律の厳しさも賞賛の的となり、わざわざ岳飛を降伏相手に選ぶ敵がいたほどだ。宗沢の期待に、十二分に応えたと言うべきだろう。

しかし、金の息のかかった秦檜が宰相となって実権を握ったことで、朝廷はしだいに金との和平にかたむき、岳飛の立場も危うくなる。謀反の嫌疑を受けると、岳飛は背中に彫られた「尽忠報国」の四字を示して無実を訴えたが、獄中で殺された。

ほどなくして宋は金と和議を結び、淮河を国境と定めた。二〇年ほどのち、金軍はふたたび宋へ攻め込み、長江の川幅のせばまる**采石磯**（↓国破れて山河あり）を渡ろうとして、火器を用いた宋軍に撃退されている。やがて金・宋を征服したモンゴルは、火器や火薬を西方へ伝え、ヨーロッパでさらに改良がすすめられて、鉄砲や花火のかたちを取るにいたる。

一方、すぐ隣の日本では、火薬はなかなか広まらなかった。中国で発明されながら日本より先にヨーロッパに伝播したという点では、カードゲームも同様である。宋・元時代に日中の橋渡しを担ったのは商人や僧侶だったので、持ち帰る文化や技術の取捨選択には、遣唐使の時代と異なる論理が働いたのだろう。しかし一六世紀、ようやく日本にもたらされた火器と火薬は、戦国の世にあって急速に普及し、さらに泰平の江戸時代に入ると、花火として人々を楽しませるようになった。火薬の「運用の妙」――それを取り入れるか、どう使うか――を決する「一心」も、時代に左右されるとみるべきか。

第七章 古典篇

時代・王朝変遷図

殷		
周（西周）		
春秋時代	周（東周）	
戦国時代	周（東周）	
秦		
南越	漢（前漢）	西楚
新		
漢（後漢）		
漢(蜀漢)	呉	魏
晋（西晋）		
晋（東晋）	十六国	
宋〈南朝〉	北魏〈北朝〉	
斉〈南朝〉	北魏〈北朝〉	
梁〈南朝〉	西魏〈北朝〉	東魏〈北朝〉
陳〈南朝〉	北周〈北朝〉	北斉〈北朝〉
隋		
唐		
五代十国		
宋（北宋）	キタイ（遼）	
宋（南宋）	金	
元		
明	後金	
清		
中華民国		
中華人民共和国		

一陽来復

陰気がきわまって陽気が復ってくること。春になること。運気が上向いてくること。『易経』復の孔穎達の疏（注釈）より

儒学の経典のひとつに『易経』がある。周の時代にさかのぼると言われる占い・**易**（↓暴を以て暴に易う・乾坤一擲・細君）の手法を記したテキストであり、いまでも街角で姿を見かける易者は、この易占いをする人々である。

「易」という字には「変わる」「換える」意がある。「改易」や「交易」の「易」がまさにこれだ。易占いは、ものごとの変化を説明することに通じるのである。『易経』では、占いの判断法とともに万物の変化が説明づけられ、壮大な宇宙論を構築している。

易占いでは、五〇本の筮竹を一定の手順にしたがって操作していき、陰または陽を示す「爻」と呼ばれる単位を三つ重ねた「内卦」を求め、同様に「外卦」をも求めて、これらを上下に並べた「卦」を判断の基礎とする。内卦・外卦を構成する三つの爻の陰・陽の組み合わせには八通りあり、これを「八卦」という。「あたるも八卦、あたらぬも八卦」という言葉は、ここに由来する。さらに、この八

卦が二つ組み合わされるので、トータルでみると六四種類の卦が存在することになる。六四の卦には、**「乾」「坤」のように、それぞれ名前がついている**（↓乾坤一擲）。うち「復」は、五つの陰の下にひとつだけ陽がある卦で、陰がきわまった中に陽がきざした状態として理解される。そのことを端的に示す言葉が、「一陽来復（いちようらいふく）」だ。

この語はもともと、冬至を意味していた。一年で日照時間がもっとも短くなる冬至は、逆のとらえ方をすると、その日をさかいに日照時間が長くなっていく、新たなはじまりでもある。このため、世界各地で、冬至に太陽の復活・再生を祝う行事がひろくみられる。たとえばクリスマスは、もともとローマやゲルマンの冬至祭であったと考えられている。また、南ヨーロッパをはじめとする世界のいくつかの地域では、クリスマスあるいは冬至の日に、本来太陽の再生を助ける祭具であったぶらんこに乗る風習がある。中国では、冬至を陰の中に陽がきざしはじめる日として重要視し、冬至を含む月を基準として暦を作っていた。中国の暦は月の満ち欠けを基準に一か月の長さを決める太陰暦であったから、特別な工夫をしなければ、暦と太陽の運行とは一致しなくなる。そのため、冬至がかならず一一月にくるように月の数をやりくりすることで、太陰暦と太陽暦とを組み合わせたのである（太陰太陽暦）。ゆえに、冬至だけではなく、一一月のことも「一陽来復」と言うことがある。どちらにしても、考え方の基本は同じで、冬至あるいは一一月を境として、短くなっていた日が長くなっていく、そのありさまが「復」の卦のかたちと重なるのだと思えばよい。陰ばかりの中に一つだけ陽が来（きた）り復（かえ）

唐代の十二生肖像。陶製。擬人化された十二支が並んでいる。十二支が動物と結びつくようになった経緯はよくわからないが、晩くとも秦漢時代には、生き物になぞらえる考えかたがあらわれていた。唐代にはこうした像もさかんにつくられた。メトロポリタン美術館蔵。

った、というわけである。こうしたイメージから、今日では、悪い状況が好転することの比喩としても「一陽来復」を用いることがある。

ところで、地域によっては冬至と結びついているぶらんこだが、中国ではかつて、冬至後一〇五日目の「寒食節」にぶらんこに乗っていた。寒食とは、火を忌んで食品の加熱をせず、作りおきしたものを冷たいまま食べる風習で、季節の節目に火を起こしなおす「改火」の習俗に由来するものとされる。本格的な春のはじまりに新しい火を起こすのに合わせ、太陽のさらなる再生を期して、ぶらんこに乗ったのである。寒食は現在ではおこなわれなくなったが、直後に連続する**清明節は中国のもっとも重要な年中行事のひとつ**（→登高）で、野に出て祖先の墓参りをする。ぶらんこに乗る習慣も、いまでは清明節のものになっている。日本の多くの地域では、野遊びは**三月三日**（→濫觴）に、墓参りは春の彼岸に吸収され、沖縄以外では清明節が意識されないのでなじみがないが、それでもぶらんこが春の季語とされていることは、中国文化と日本文化の関係を考える上で興味深い。

革命

―支配されていた側が権力の座につくこと。もと、王朝が交替する意。『易経』革より―

一八一五年、ナポレオン敗退後の国際秩序を話し合うヴィーン会議によって、ロシア皇帝を国王とする新しいポーランド王国が誕生した。自由主義的なロシア皇帝アレクサンドル一世は、新生ポーランド王国がロシアに先んじて憲法や国会をもつことを許した。しかし自治権はつぎつぎに奪われていき、一八二五年にロシア本国で農奴(のうど)解放と立憲制導入を求めたデカブリストの乱が起こると、新皇帝ニコライ一世は反動的な姿勢を強め、ポーランドへの締めつけも一段と厳しくなった。

そんなころ、ポーランドにひとりの天才ピアニストがあらわれた。フレデリック・ショパンその人である。早くから作曲にも優れ、長じてワルシャワ音楽院に学んだ。

一八三〇年一一月、より大きな活躍の場を求めたショパンがヴィーンに旅立ってから間もなく、ポーランドの首都ワルシャワの人々が、ロシアからの解放を求めてついに立ち上がった。世にいう十一月蜂起である。独立を目指す闘争は一年近くも続いたが、結局翌三一年九月、ワルシャワはロシアの手に落ちた。

ショパンは蜂起失敗の報を、ヴィーンからパリへの途上、ドイツ南西部のシュトゥットガルトで聞いた。伝えられるところでは、その悲憤の情によって生み出されたのが、練習曲集作品一〇に収められた練習曲第一二番であったという。この曲は一般に、「革命の練習曲（エチュード）」という呼び名で知られる。鋭く叫び、時にすすり泣く高音部に、左手が叩きつけるように、あるいは呟（つぶや）くように、とめどなく揺さぶりかける。怒りと悲しみ、絶望、そして望郷の念に支配された時間。十一月蜂起とは関係なく作曲されたとも言われるが、当時のショパンの心中に、祖国の惨状を思う感情がなかったとは考えられない。その影響はどこかしらにあらわれているだろう。

「革命」は『易経』にみえる言葉。「命が革（あらた）まる」という意味で、天命（天の下した命令）により位についた天子（てんし）（天の子）の支配が衰え、新たな天子へと政権が移行することをあらわす。この説明からわかるとおり、本来の漢語「革命」は、大原則として天子から天子への、あるいは天子の候補者を出す王朝から王朝への交替を指すのであり、天子を戴（いただ）く支配体制が変わるようなことは、まったく想定されていない。西洋でいうrevolutionはこれとは異なり、もと「回転」の意。近代以降、支配階級が入れかわる社会変革について用いられるようになった。このrevolutionの訳語として「革命」が充（あ）てられたことで、漢語「革命」の元来の語義が忘れられ、今日にいたっている。

十一月蜂起が敗れ去ったのちのポーランドは、第一次世界大戦後まで九〇年間近くにわたって、ロシアの支配下におかれることになった。ショパンは祖国に帰ることなく、**二月革命**（↓寡きを患えず

南京・紫金山（鍾山）にある中山陵。革命運動に生涯を捧げた孫文（1866〜1925）の墓所。孫文はrevolutionとしての「革命」を目指したが、志なかばにして世を去った。中山陵は明を建てた洪武帝の陵墓・明孝陵を見下ろす位置にあり、明孝陵に登る途中に呉の**孫権（→水魚の交）**の墓がある。

して均しからざるを患う）後の騒然としたパリで、一八四九年に世を去った。その心臓は遺言により祖国に送られ、現在もワルシャワの聖十字架教会に安置されている。

遠慮

――行動を控えたり、辞退したりすること。『論語』衛霊公より――

何事によらず周囲や相手への気遣いが求められるわが国では、日常生活においてしばしば「遠慮」という言葉が登場する。一般に、「喪中のため、新年のご挨拶は遠慮させていただきます」とか「車内ではおタバコはご遠慮ください」とか、特定の状況下において問題を引き起こしそうな行動を控えることを指す。ところが、「遠慮」のもとの意味はちょっと違う。『論語』衛霊公(えいれいこう)篇には、次のようにある。

「子曰く、人にして遠き慮(おもんぱか)り(遠慮)無くんば、必ず近き憂(うれ)い有り」

遠い先々のことを考慮しなければ、近い将来にきっと心配ごとが起こるぞ、という孔子のいましめ。日本語で言うところの「遠慮」は、もともとこうした発想からスタートし、「困った事態を引き起こすことがないように、あらかじめ配慮して、行動を差し控える」との意味になっていったわけである。

用法は異なるが、発想の根本では、原義をそれなりにふまえているとも言えようか。

何事もあらかじめリスクを計算に入れた上で取りかかるべきだというのは、御説まことにそのとおり。けれど、ときには予測できない事態もある。**賈誼**（↓朝令暮改）は、秦の興亡とその要因について論じた「過秦論」において、こんなふうに語っている。

「始皇帝が没したのちも、余勢がおとろえていたわけではないのに、**陳勝**（↓鴻鵠の志）がそむくと秦は滅んだ。陳勝は地位も、武器も、軍勢も、戦国時代の東方の諸国に劣っていた。深謀遠慮や用兵の術も、かつての智謀の士には及ばなかった。にもかかわらず、東方の国々とことの成否が逆になったのは、どうしてだろうか。それは秦において仁義がおこなわれず、また攻守の形勢が違っていたからである」

今日も用いられる表現「深謀遠慮」は、この一節に由来する。深く遠いところまで見とおした謀（計画）や配慮のことだ。面白いのは、深謀遠慮の士を抱えていた者たちでさえ打倒できなかった秦でも、形勢が変わるや、大した考えのない者に滅ぼされてしまったという説明。ただ深謀遠慮していれば成功できるわけではないのである。ここで賈誼は視点を変え、滅ぼされた秦の側の問題を検討する。

「当時、深謀遠慮や知化の士がいなかったわけではない。しかし、秦には何かと禁令が多く、何か言うと身が危うくなるので、誰も国のために知恵を出さなかった」

禁令だらけ、つまり仁義がなかったために、深謀遠慮の士が実力を発揮できない情勢だったことが、秦の滅亡を招いたというのだ。ここから、賈誼が「仁義」とか「深謀遠慮」とかいった道徳や策略以上に、情勢のコントロールを重視していることがわかるだろう。そのことは、ここで「深謀遠慮」と並び「知化」という語が用いられていることからも確認できる。「知化」とは『易経』にみえる表現で、ものごとの変化をわきまえる意。だから当然、「過秦論」の結論はこうなる。

「君子による理想的な統治は、盛衰のことわりや情勢のよしあしを見きわめ、進退や変化が時宜にかなっているので、国家が長きにわたって安定するのだ」

情勢がだめになってしまえば深謀遠慮さえ役立たなくなる以上、深謀遠慮はそれ自体が目的でも理想でもない。所詮は、自己に有利な情勢をつくるための手段なのだ。なるほど、社交辞令を真に受けて必要な遠慮を怠ったり、変に遠慮して相手を怒らせたりして、人間関係を壊したりチャンスを失ったりするな、ということか。

杞憂

――無用な心配のこと。『列子』天瑞より――

文字どおり読めば「杞の憂い」。杞というのは地名で、現在の**開封**（↓独眼龍）の東南にあたる。この一帯は黄河流域でもとくに古くから文明の栄えた地域で、周の時代、杞には**夏王朝**（↓酒池肉林）の遺民の国があった。殷の後裔が住む**宋**（↓守株）と同じく、古典の中では、風変わりな人のいるところとして描かれている。

杞に住むある人、天地が崩れて身のおき場がなくなるのを心配し、寝ることも食べることもやめてしまった。それを心配した人が、彼のもとへ行って説明した。

「天というのは、気の集まりだ。気のないところなんてないだろう。かがんだり伸びをしたり、息を吸ったり吐いたりしているのは、一日じゅう天の中にいるってことさ。それが崩れる心配なんて、いらないよ」

「じゃあ、地が壊れたら、どうすればいいだろう」

「地は、塊の集まりなんだ。どこまでも満ちわたっているから、塊のないところはないよな。あちこち踏んで歩いているのは、一日じゅう地の上にいるってことじゃないか。壊れる心配なんて、無用だね」

件の男はすっきりさっぱり。説明した方も、ほっとして喜んだ。ところがこれを聞いた楚の長廬子という先生が、かたちあるものはすべて壊れるのだから、天地だってやがては壊れると、議論を蒸し返す。そのことを耳にした列子は、

「天地が壊れるというのも、壊れないというのも間違いだ。そのようなことは、われわれにわかることではないではないか」

と笑ったのだそうである。

戦国時代の人・列子に仮託された書物『列子』は、道家の流れをくむ。その冒頭に配された天瑞篇では、万物のとどまるところのない変化とどう向き合うか、という問題が扱われている。「杞憂」の逸話は、そこで紹介されているものだ。特定の文脈がある以上、もちろん、単なる笑い話ではない。何かにつけものごとを秩序づけ、あれこれとルールを立ててみては、理想的なしくみが崩れたらどう

しよう、決まりが破られたらどうしようと、いつも心配ばかりしている儒家に対する、きびしい批判なのである。賈誼は、深謀遠慮が有効に機能するかどうかは情勢による、よって情勢をうまく制御すべきだとしたが、『列子』はさらに、深謀遠慮そのものを笑い飛ばしてしまうのだ。

理想的な支配者たろうとすれば、儒家や法家、あるいは賈誼のように、あれこれ考える必要はあろう。しかし、社会から一歩退いてながめてみると、最初からそんなことは考えない方が、確かに賢明かもしれない。とくに、『列子』が現在みるようなかたちになった**魏晋期の時代状況**（↓白眼視）においては、そうだった。

時の権力者が、いつどういうきっかけで転落するかわからないのに、それを中心とした秩序を模索したり、情勢のコントロールに腐心しても、所詮は徒労である。とはいえ、何もせずにいれば、世の中は混沌とするだけだ。天地は崩れるかもしれないが、さりとてここで長廬子の名を借りてあらわれる仏教の立場のように、「かたちあるものはいつかは崩れる」と、最初から決めつけてしまっては、埒があくまい。だったら、「なるようにしかならない」としか、言いようがないではないか。

すべてを笑い飛ばし、呑み込んでしまう『列子』の態度は、そうした時代の産物である。またそこに、魏晋南北朝期における、儒仏道の交流の一端をみることもできよう。「杞憂」の説話は、一般に思われているより、ずっと奥が深いのだ。

懸空寺。五世紀末、北魏時代の創建。山西省大同の郊外、**五岳**（→万歳）のひとつ・恒山の麓の断崖に建てられている。空に懸かって見える建築方法だけでなく、儒仏道をあわせている点も特色で、上層には儒仏道三教の開祖である釈迦牟尼（仏教）・老子（道教）・孔子（儒教）を並べて祀った三教殿がある。

身体髪膚、これを父母に受く

——人の身体は自分だけのものではなく、両親から授かったものである、という意味。『孝経』開宗明義より——

二〇一七年秋、誤って別の遺体を司法解剖した兵庫県警川西(かわにし)署のコメント。

「本来傷付ける必要のない遺体を傷付け、責任を痛感している。どこに確認のミスがあったのか、どういう策があるのかを検証し、再発防止に努めたい」（『神戸新聞』二〇一七年九月二二日配信記事）

生きている肉体ばかりでなく、遺体もまた傷つけてはならないというのは、日本人として一般的な感覚だろう。中国哲学史家の加地伸行(かじのぶゆき)は言う。

「われわれ日本人は（中略）お骨を単なる物として考えることができない。たとえば、飛行機や船などの事故死者の遺体は、たとえ白骨になっても探し求めようとする。あくまでも霊魂とお骨との同一化の意識がある」（『儒教とは何か』中公新書）

この「（霊魂と遺体やお骨との）同一化の意識」には、中国の死生観の影響がある。昔の中国人は、魂（精神）と魄（肉体）とが合わさっている状態を生、分離した状態を死と考えた。そして死者を葬るときに頭蓋骨を残しておき、祭祀に際して子孫にその頭蓋骨をかぶせ、そこに死者の魂を呼び戻した。このとき、子孫の肉体は祖先の肉体となる。つまり、子孫の肉体がある限り、祖先は肉体を取り戻すことができるわけだ。

逆に言えば、子孫がみずからの肉体を損なうことは、祖先に対する不敬、つまり不孝ということになる。孔子が孝の道について門人の**曾参**（↓能くこれを言う者は未だ必ずしも能く行わず）に説いた記録『孝経』にはこうある。

「身体髪膚、これを父母に受く。敢えて毀傷せざるは孝の始めなり」

わたしたちの身体は父母から受けたもので、これを決して傷つけないことこそが孝行の根本である、というのである。そのため、仏教が中国に入ってくると、僧侶が頭髪を剃ることを理由とした仏教批判もたびたびなされた。

やがて、仏教は儒学や道教と並んで知識人にとって必須の教養となり、それぞれがお互いに影響し合う中で、中国の仏教はインドの仏教にはなかった特色をそなえるようになった。儒教的な世界観や価値観も仏教のうちに取り入れられ、その結果、『孝経』が説く孝養の大切さを仏典の体裁を取って語りなおした『仏説父母恩重経』など、偽経（本来の仏典ではない経典）が作られるようにさえなった。日本は仏教を中国から学んだから、日本の仏教の教説には儒学の影響が色濃く残っており、それを介して、儒学の教えは日本の庶民にも受容されていったのである。とりわけ、祖先の供養と親への孝行は、善行としてさかんに推奨された。

のち、寺子屋をとおして庶民に対する儒学教育がおこなわれるようになると、『孝経』は重要なテキストになった。近代に入ってからも『孝経』の影響力はおとろえず、旧制高校ではこんな文句が流布していたという。

「寝台白布、これを父母に受く。敢えて起床せざるは孝の始めなり」

ベッドとシーツは父母から受けたものだから、朝寝坊は孝の根本なのだとか。考えることはいまの学生と同じだが、表現の秀逸さに唸る。

七夕

七月七日の節句のこと。七夕伝説については、『月令広義』七月令物候、南朝梁・殷芸『小説』などより

インド起源の仏教が中国に伝わって変化したように、**中国の行事が日本で変化を遂げることもまれではない（↓濫觴）**。たとえば、端午の節句。**ちまきを食べたり（↓汨羅に死す）**邪気を払うため菖蒲を用いたりするところは、日本も中国と同じである。が、中国の端午節を彩る重要な行事のひとつ・龍船競漕（龍をかたどったボートによるレース）は、中国文化の影響がとくに強い沖縄や長崎を除くと、今日の日本ではみられない。一方、菖蒲が尚武に通じるとして、菖蒲で兜をこしらえたり武具を飾ったりなどということは、菖蒲と尚武が同音にならない中国では、思いもよらないことである。鯉のぼりも、もとをただせばこの日に武家が飾った幟旗にちなんだものであるから、五月人形と同じ理由で、中国には存在しない。それが鯉のかたちにつくられるのは、中国の**龍門伝説（↓登龍門）**に由来するにもかかわらず、である。

同様に、日本の独自色を色濃くあらわしているのが、七夕の行事だ。この日、織姫（こと座α星、

べガ）と彦星（わし座α星、アルタイル）が年に一度の逢瀬を果たす「七夕伝説」は、中国に起源をもつ。中国では織姫は「織女」、彦星は「牽牛」と呼ばれ、この二つの星を一対としてとらえる観念は、漢代以前にすでに存在していた。のち後漢末から六朝期にかけて、仲を引き裂かれた織女と牽牛が七夕の夜に会うという、現在とほぼ同じ内容の物語が、しだいに形を整えていった。その中で織女は、カササギが天の川にかけた橋を渡っていく。「白い橋」をカササギの橋に見立てた大伴家持の、

鵲の渡せる橋に置く霜の白きを見れば夜ぞ更けにける

という歌（『新古今集』）は、奈良時代に七夕伝説が伝わっていたことを示している。

漢代には、同居する「耕す男」と「績ぐ女」のセットを課税単位とする制度や、**陰陽**（↓乾坤一擲）が和合したものとして夫婦の対偶を意識する観念が強まった。それにともない、あらゆる男女の頂点に立つ**皇帝・皇后が、民に模範を示すため、おのおの農耕・養蚕に従事する国家的な儀式も定められた**（↓朝令暮改）。結果、漢代以降の中国社会では、日本以上に男女の分業が強く意識されるようになっていた。こうした背景のもと、南朝のころには、七夕伝説が整理されるのと並行して、女性の針仕事の上達を織女に祈る祭りが七夕におこなわれるようになった。これを「乞巧奠」という。「乞巧」は技巧の上達を乞うこと、「奠」は供えものをして祀ることを意味する。このため中国では、現

在にいたるまで、七夕を女子の節句とみなす観念がある。

日本においても、「七夕」を「たなばた（棚機）」と訓むように、この日は「棚機つ女」すなわち機織る女性を祀る日として認識されていた。しかし、乞巧奠を受容した平安貴族たちは、自身が農耕や紡織に従事するわけではないから、織女に対する祈りにも切実さはなく、ただ夜空を眺めて、梶の葉に和歌をしたためたりしていたという。それがさらに変化し、短冊に歌や願いごとを書く行事として庶民に浸透していくのは、江戸時代になってからのことであるが、こうなると、もはや中国の人々には理解できないものとなる。そもそも本来の乞巧奠では、願う内容があらかじめ決まっているわけだから、それを書いてささげる必要もないわけである。

こうした行事そのものの違いも興味深いが、さらに面白いのは、七夕伝説の中身だ。中国では織女の方が牽牛に会いにいくのに対して、日本では彦星が織姫のもとに通う設定になっている。これはかつての日本の婚姻が、男女同居を前提とせず、男性が女性のもとへと通う「通い婚」であったことの反映だと考えられている。中国南部の山地民族のあいだには、比較的最近まで通い婚の風習が残っており、日本列島の基層文化との連続性を示す例としてしばしば言及される。つまり、有史以前から大陸と日本とのあいだにあった共通性が、逆に、日中の七夕伝説のかたちを異なるものにしたのである。日本の固有性を云々することは、世間で思われているほど、容易ではない。

還暦

数え六一（満六〇）歳のこと。六〇年で一巡りする中国の暦では、六一年目に生まれた年の干支に還ることから。十干十二支を用いた紀年法は、殷の時代にすでにあった。「干支（幹枝）」という言い方は、『白虎通』姓名より

「六月芋」「六月柿」、それぞれ何のことだかご存じだろうか。前者はジャガイモ、後者はトマトのこと。その名の示すとおり、いずれも夏の訪れを告げる作物だ。

ジャガイモとトマトの原産地は中南米である。アステカ（メキシコ）・インカ（アンデス）を征服したスペイン人が、現地で目にした珍奇な植物を持ち帰ったことがきっかけで、ユーラシア・アフリカに広まった。日本人だけでなく、ヨーロッパ人にとっても、決してつきあいの長い食材ではない。

ではこれらの作物は、中南米ではいつごろから栽培されていたのだろうか。かの地の文明には文字がなかったため、残念ながらこの疑問を史書から確かめることはできない。ただ、もし彼らに文字があったとしても、そこから歴史をさかのぼることは困難であったろう。なぜなら、循環する暦を用いていたアステカでは日付のみが記録され、世紀を記録する習慣がなかったから。

アステカの暦は、二つの暦を組み合わせて、五二年で一周する。同じように中国にも、一〇年ひとめぐりの十干（甲・乙・丙・丁・戊・己・庚・辛・壬・癸）と一二年でひと回りする十二支（子・丑・寅・卯・辰・巳・午・未・申・酉・戌・亥）を、奇数番目・偶数番目どうしで組み合わせて、六〇年で一周させる時間記録法がある。日本でもおなじみの干支がそれだ。この方法を用いると、六一年目には最初と同じ干支がふたたびめぐってくる。そのため中国では、生まれ年の干支がふたたびめぐってくることを祝う意味で、六〇歳を花甲子とか花甲と呼ぶ（この場合の「甲子」は、干支をいちばん最初の甲子で代表させた言い方）。「還暦」も同じ考えにもとづく表現だが、もっぱら日本で用いられる。

「還暦」を迎えた人の扱いにも、日中のあいだで共通性と違いがある。中国ではかつて六〇歳を老人の基準とみなし、これを越えると税役を減免したり、金銭を下賜したりすることがあった。日本もそうした制度を受け入れ、のちの時代になっても、六〇歳をもって隠居の年齢としたり、老齢者集団への参加を許したりする現象がみられた。とくに日本では、七五三をはじめとした年祝い（一定の年齢に達したことの祝い）や厄年のように、通過儀礼的な習慣が強く残存していることから、還暦についても通過儀礼の意味あいが重視され、干支が新たな一周に入ることに生まれ変わりの意味を込めて、赤い衣類などを贈る独特の風習が生まれた。嫁いだ女性が嫁入り衣装をもう一度着るところもあったという。これも、仕切りなおしという発想は同じだろう。

長寿社会となった今日、還暦の社会的な位置づけも、以前とはだいぶ様変わりした。そうした中でも、天地は崩れないとばかりに、六〇歳定年は伝統的な文化だと言う人々がいる。他方、いまは年齢構成も働き方も昔とは違うと主張して、生涯現役も可能だと、天地を崩す勢いの向きもある。しかしそれは、どちらも極論だ。ただ長く続いてきたからという理由で、制度や風習の中身も考えずに、ひたすらそれを墨守するのは愚か者のすることだし、かといってみずからの社会が歴史の中で培(つちか)い守ってきたものを、古いものだからとことさらに排除しては、われわれの子孫にトマトやジャガイモと同じ運命をたどらせることになるだろう。

六〇歳で隠居することが許されなくなれば、労働の現場では、当然、これまでよりも幅広い世代が、ともに協力し合っていかなければならなくなる。だったらなおさら、六〇歳で「生まれ変わる」「仕切りなおす」気持ちは、もち合わせていてもよいのではないか。豊かな経験を時宜にかなったかたちでよりよく生かしていくためには、若い世代の声に耳をかたむけることも、また必要なはずだ。そうした機会として、還暦をとらえなおすことを提案したい。それこそが、過去に対し誠実で、かつよりよい未来をつくることを可能とする、「運用の妙」というものだ。

道聴塗説

――聞きかじったことを受け売りすること。道で聴いたことを、そのまま塗(途)で説く意。
『論語』陽貨より――

『論語』陽貨篇にみえる言葉。

「道に聴いて塗に説くは、徳をこれ棄つるなり」

「道に聴いて塗に説く」とは、道中ふと耳にしたことを、途上で他人に説いてきかせる意。つまり、立派な言葉を聞いたりすぐれた知識を得たりしても、その中身をじっくりと時間をかけて自分のものにしないまま、さも己が見解かのように得意げにしゃべりちらすことを指す。それはまさに徳を棄てる行為なのだと孔子は警告する。ここから、聞きかじりを知ったかぶりで受け売りする態度を「道聴塗説」と言うようになった。

陽貨篇のこの一節の前後には、表面だけの人間を批判する文言が続いており、ひろく知られたものも少なくない。

「礼と云い礼と云うも、玉帛を云わんや。楽と云い楽と云うも、鐘鼓を云わんや」（礼はもちろん大事だが、肝心なのは、礼に用いる玉器や絹ではない。社会の安定こそが目的だ。楽はもちろん大事だが、肝心なのは、楽に用いる鐘や太鼓ではない。教化の実現こそが目的だ）

「巧言令色、鮮なし仁」（口先や顔つきばかりのお調子者に、仁の徳はないのだよ）

礼の重要さを説いた孔子は、だからこそかえって、外面だけ礼儀正しく内実のともなわない者を憎んだ。そして、礼とは行いではなく心の問題なのだ、と重ねて強調したのである。

道徳だの法令だの規則だののいうものは、往々にしてその文言だけがひとり歩きし、いつしかその背景がみえなくなる。そして、うわべだけの決まりごととなり、うわべだけが批判されて、最後には棄てられていく。その上にはまた新しいものが立てられるが、それもやがて同じ運命をたどることになる。故事成語にしても然り。手短でインパクトがあるから、言葉をもっともらしく飾り立てるにはよいが、なぜそうした表現が生まれたか、どんな状況でそう言われたのか、もとの背景を押さえることなく、みだりに使い散らすばかりでは、逆に誤解を生むだけだ。そんなことさえ考えないで、実はクロのくせに「瓜田李下」と言いぬけたり、大した痛みもなく「断腸の思い」などとうそぶくから、せっかくの成語がどんどん陳腐になるのである。大事なのは、発言に中身があるか、心に誠意があるか、ではないのか。

などと、かく言うわたし自身、本書で述べてきたことが「道聴塗説」ではなかったか、いささか心許なくもある。これまでの受け売りへの反省を込めつつ、言葉をとおして歴史と共生する大切さを訴えながら、ここに擱筆する。

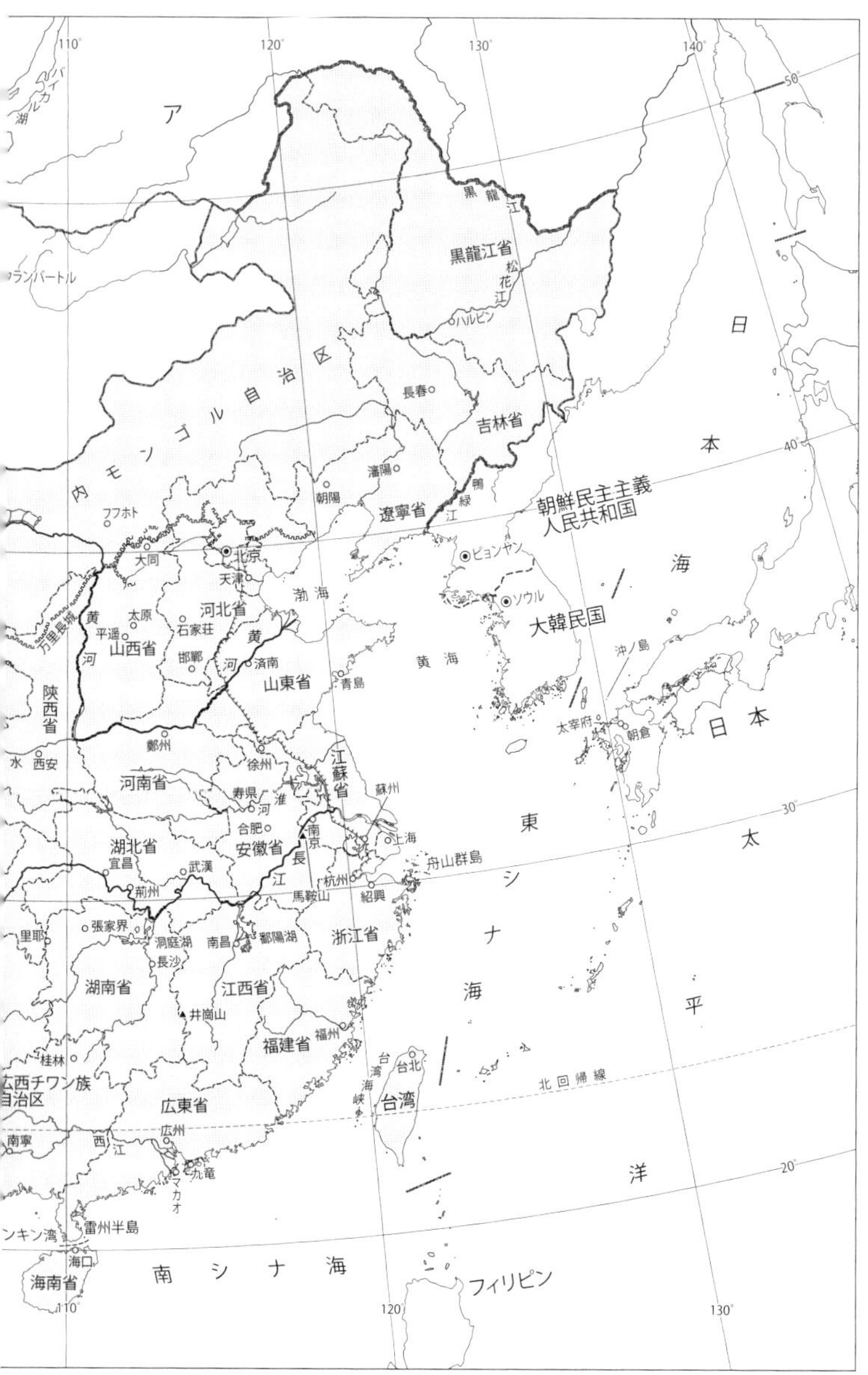

110°
120°
130°
140°
50°
40°
30°
20°
バイカル湖
ア
ウランバートル
内モンゴル自治区
フフホト
大同
万里長城
黄河
陝西省
西安
太原
平遥
山西省
石家荘
河北省
邯鄲
北京
天津
渤海
黄河
済南
山東省
青島
黄海
鄭州
河南省
徐州
寿県
淮河
江蘇省
蘇州
合肥
安徽省
南京
長江
上海
湖北省
宜昌
武漢
荊州
馬鞍山
杭州
紹興
舟山群島
浙江省
張家界
洞庭湖
南昌
鄱陽湖
長沙
湖南省
江西省
井崗山
福建省
福州
桂林
広西チワン族自治区
広東省
広州
西江
南寧
九竜
マカオ
雷州半島
トンキン湾
海口
海南省
南シナ海
台湾海峡
台北
台湾
北回帰線
フィリピン
黒龍江
黒龍江省
松花江
ハルビン
長春
吉林省
瀋陽
朝陽
遼寧省
鴨緑江
朝鮮民主主義人民共和国
ピョンヤン
ソウル
大韓民国
沖ノ島
太宰府
朝倉
日本海
日本
東シナ海
太平洋

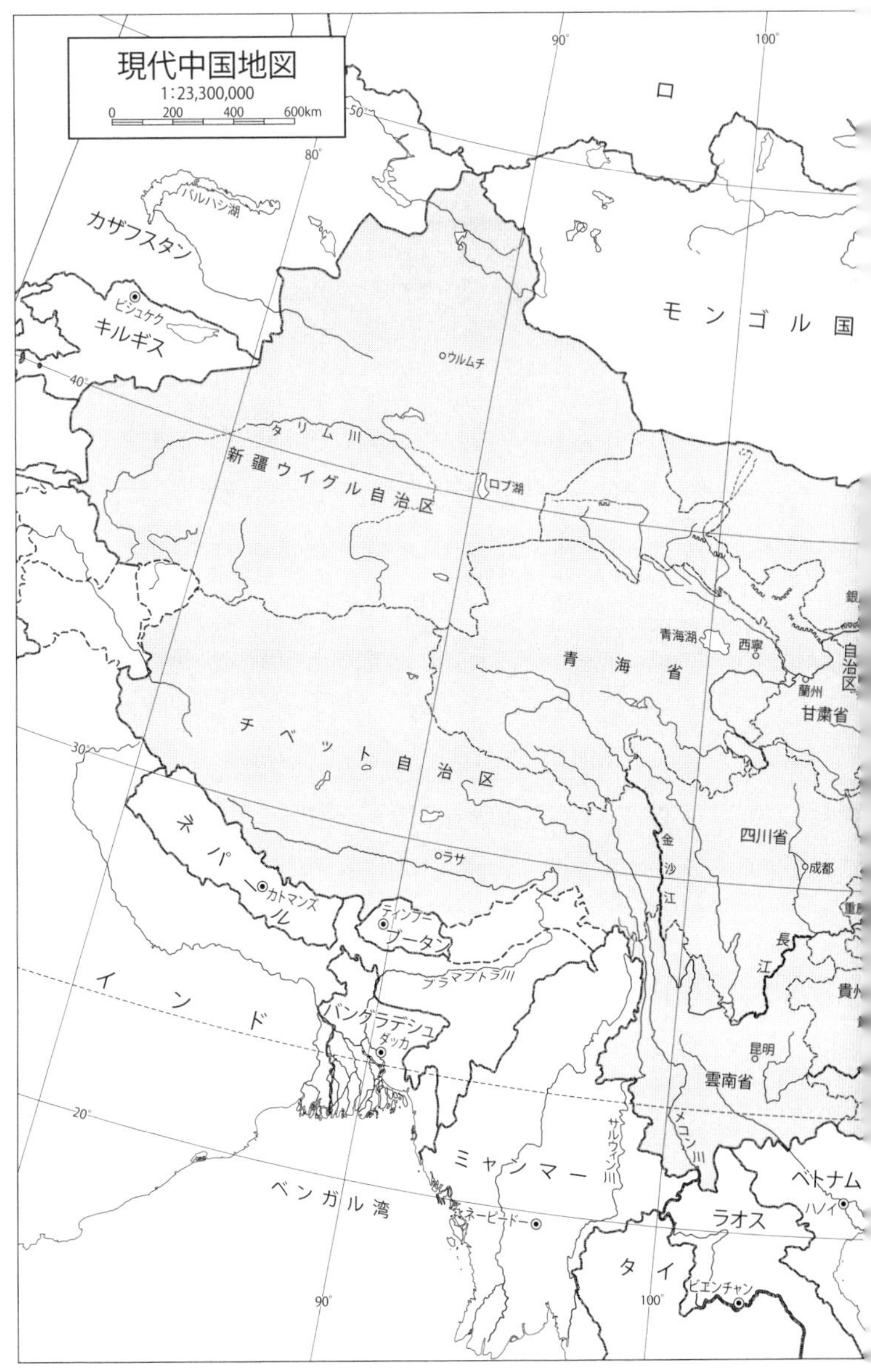
現代中国地図
1:23,300,000
0 200 400 600km
ロ
モンゴル国
カザフスタン
バルハシ湖
ビシュケク
キルギス
ウルムチ
タリム川
新疆ウイグル自治区
ロプ湖
青海湖
西寧
青海省
蘭州
甘粛省
チベット自治区
ネパール
カトマンズ
ラサ
ティンプー
ブータン
ブラマプトラ川
金沙江
四川省
成都
長江
インド
バングラデシュ
ダッカ
昆明
雲南省
サルウィン川
メコン川
ミャンマー
ベトナム
ハノイ
ベンガル湾
ネーピードー
ラオス
タイ
ビエンチャン

あとがき

本書は、ゼンセン同盟（現・UAゼンセン）の機関誌『YUAI』に連載したコラム「故事に学ぶ」（一九九六年二月号〜二〇〇三年一二月号、全九六回）を、改稿・書籍化したものである。

原載誌の性格から、もとの文章には、労働や政治、季節にちなんだ話題がちりばめられていた。今回、時事にかかわる内容はすべて書き改め、場合によっては一回分をまるごと削除したり、逆に一回を複数に分けたりした。よって、連載の回数と本書の項目数は一致していない。

研究者が故事成語について説く本は、世間にあまたある。しかしその著者の多くは、中国文学あるいは中国思想の専門家である。成語がもっぱら修辞の道具として意識され、故事が生きる指針や知恵の源泉と見なされているからであろう。現代人の都合による歴史の消費や、歴史の安易な教訓化を日々戒めている歴史屋としては、故事成語のこうした受容のされ方に、相応の言い分もある。

それでいっそ、故事の時代背景や成語の歴史的特徴に、説明の力点をおいてみた。『中国史で読み解く故事成語』というタイトルは、その反映である。結果的に、本書は少しだけ、他と変わったものになった。

連載終了後の日本では、日本語や日本文化への関心が高まっている。訪日観光客から、日本のどこが日本らしいのか、説明を求められる場面も増えた。書き直しに際しては、この点も強く意識した。「日本について知りたい」という需要に正しく応えるには、日本のことだけをいくら説明しても無意味である。日本文化の基礎をつくった中国文化と、現在の日本文化との距離——それを遠いと見るか、近いと見るかは、ケース・バイ・ケースだが——を適切に示さないかぎり、何が日本らしいのかなど、考えることすらできない。

日本の何に、どう言及するか。ヒントとしたのは、海外での講演・授業において、来聴者や学生諸君から提出された質問である。考えるきっかけをくれた諸氏に感謝したい。

本書をまとめることができたのは、川越泰博先生のご慫慂と、鶴間和幸先生のお力添えによる。写真の撮影や掲載にあたっては、中国の多くの友人たちの協力を得た。すべての方に心より御礼申し上げる。

二〇二一年三月二九日　八王子の寓居にて

阿部　幸信

■画像出典一覧

p. 23 ——— ロイヤルオンタリオ博物館提供
Courtesy of the Royal Ontario Museum, © ROM

p. 158 ——— メトロポリタン美術館提供
The Metropolitan Museum of Art, New York, Charlotte C. and John C. Weber Collection, Gift of Charlotte C. and John C. Weber, 1992

p. 165左 —— CPCフォト提供

p. 165右 —— 福岡市博物館/DNPartcom提供

p. 187 ——— メトロポリタン美術館提供
The Metropolitan Museum of Art, New York, John Stewart Kennedy Fund, 1913

p. 262下 —— 切手の博物館

p. 306 ——— メトロポリタン美術館提供
The Metropolitan Museum of Art, New York, Gift of Charlotte C. Weber, 2000

他、すべて著者撮影

著者紹介

阿部 幸信　あべ　ゆきのぶ

1972年生まれ。東京大学大学院人文社会系研究科博士課程修了
専攻、中国古代史
現在、中央大学文学部教授

主要著書
『地下からの贈り物――新出土資料が語るいにしえの中国』
(共著、東方書店　2014)
『歴史からみる中国』(共著、放送大学教育振興会　2013)

中国史で読み解く故事成語

2021年4月20日　第1版第1刷　印刷
2021年4月30日　第1版第1刷　発行

著者　阿部幸信
発行者　野澤武史

発行所　株式会社 山川出版社
〒101-0047　東京都千代田区内神田1-13-13
電話　03(3293)8131(営業)　03(3293)1802(編集)
https://www.yamakawa.co.jp/
振替 00120-9-43993

印刷所　株式会社太平印刷
製本所　株式会社ブロケード
装幀　グラフ

Printed in Japan　ISBN978-4-634-15193-2